Beaulieu

Par sa position exceptionnelle au bord de la mer, au sein d'une végétation tropicale, qui lui a valu le surnom de « Petite Afrique », **Beaulieu** est fréquenté, chaque année, par un nombre plus considérable d'étrangers, attirés par la beauté de ses sites et la douceur de sa température. Les convalescents trouvent dans cette ravissante région tous les avantages climatériques du littoral méditerranéen et les mondains sont, grâce à la ligne P.L.M., à quelques minutes de **Nice** et de **Monte-Carlo**. Le côté matériel du séjour est assuré par l'existence des

Grands Hôtels des Anglais et Victoria

maison de premier ordre, situés dans une position idéale, éclairés à la lumière électrique, entourés de beaux jardins et qui offrent tout le confort que peuvent désirer les étrangers en villégiature sur la Côte d'Azur, avec des conditions spéciales pour séjour de quelque durée.

De plus, pour pouvoir répondre à toutes les exigences modernes, la direction de ces hôtels a installé un manège pour les bicyclistes, un lawn-tennis et des chambres noires pour photographes amateurs.

Prix 2 francs

AUX PAYS D'AZUR

Nice

Monaco et Menton

DESCRIPTIONS. HISTOIRE. MŒURS
LÉGENDES. EXCURSIONS ET PROMENADES. FLORE ET FAUNE
ITINÉRAIRES. RENSEIGNEMENTS GÉNÉRAUX

GUIDE COMPLET DU TOURISTE

Littéraire, historique et illustré

PAR

JULES MONOD

Cinquante gravures et une carte

L. GROSS
LIBRAIRIE INTERNATIONALE
2, Rue Maccarani, NICE

Tous droits de reproduction et traduction réservés

OUVRAGES DU MÊME AUTEUR

Guide coquet de Zermatt, illustré . . . . Fr. 1.50
Guide officiel de Chamonix, illustré 1.50
L'Exposition nationale suisse Genève 1896. Un
 volume illustré de 350 pages. . . . . 5.—
Le Tour du Lac pittoresque, illustré . . . . . . 1.—
Guide officiel de St-Gervais-les-Bains, illustré . 1.—
Guide Coquet illustré de Genève.

EN PRÉPARATION :

Grand guide des Stations du Valais.
Ajaccio et la Corse.

Les illustrations contenues dans ce volume proviennent de la collection de la PHOTOGLOB COMPAGNIE de ZURICH et des photographies de M. GILETTA, photographe, à Nice.

CHAPITRE PREMIER

Nice. — Impressions d'arrivée. — La ville. Rues et monuments.

Cela tient vraiment, à la fois de la féerie et du rêve, de partir, des contrées assoupies sous le froid et dans les brumes et d'arriver, quelques heures plus tard, dans ce paradis d'azur, qui commence à Marseille. On quitte la campagne lépreuse, pelée, avec ses masures malades et ses flaques croupissantes d'eau gelée. Au loin, l'horizon se perd, s'évanouit dans les brouillards et la banlieue quelconque que l'on traverse et que coupent de plaintives lignées d'arbres échevelés, ressemble, avec ses grises ondulations de terrain, aux phrases tristes d'un roman de larmes mal écrit. Cela est terreux, maculé, endormi, déjeté; on dirait que l'abjection de l'homme a contaminé ce coin de nature et toute cette grisaille terne a des salissures comme un bas-fonds d'âme malpropre où grouillent des vices honteux. Des arbres passent, convulsés, avec des ramures désolées; ils ont l'air de s'apitoyer, d'étendre, sur la tristesse de vivre, des branches désespérées; çà et là, une candeur de blanche gelée, dans le gazon aux fréquentes calvities. Tout cela court, surgit, disparait, dans une baie de portière, paysage sépulcral, apparition de rêve, fantômes de villes ou de villages noyés sous la vague grise des nues descendues sur la terre. Et dans la malpropreté de la nature, seule, la locomotive pleure de blanches larmes de fumée qui s'en vont, comme effilochées et effritées par un coup de tempête et ne sont bientôt plus qu'une loque vague, mourante, salie dans la tonalité générale des choses.

Peu à peu la brume s'affine, devient plus légère; des transparences de lumière crèvent brusquement l'opacité du linceul; on voit, on respire; il semble que l'on nous ôte, de dessus la poitrine, le poids lourd de ces obstacles énormes accumulés entre le ciel et nous. On voudrait alors accélérer la marche du train, hâter son allure d'ouragan, avoir plus complètement, plus à fond, le vertige de la vitesse qui nous emporte vers le ciel bleu. Au loin, c'est une pâleur plus claire et la nue lourde s'effiloche, comme tranchée et dépecée par l'épée flamboyante de quelque radieux archange. Enfin l'on distingue, il semble que l'âme rajeunit tout à coup et l'on ouvre des yeux extasiés. Ce sont des sables blancs, des collines bleues, crayeuses, de jolis rochers rouges, enguirlandés de genévriers et de thyms et des maisons roses, blanches, avec des fenêtres joyeuses. Plus l'on va, plus tout cela sort de la brume bleuâtre, légère comme une voilette de printemps, s'affirme, devient vivant. Soudain, tout est bleu, fou, baigné d'azur, clair et jeune, un paysage de chimère, enfantin, enluminé, flambant d'une belle joie de soleil. Et il semble que, contrairement au vers si superbement désabusé de Léon Dierx : « Le monotone ennui de vivre n'est plus en chemin », et qu'il s'est arrêté là-bas, derrière nous, à la frontière des nuées tristes et des froidures implacables.

Puis, ce sont, le long des talus rougeâtres, s'échelonnant en files interminables, les oliviers au pâle feuillage, les chênes verts, qui se penchent, robustes éclaireurs, aux confins des prairies, puis la mer, la grande bleue, avec, au sein, la blessure d'argent du soleil, qui saigne d'une extrémité de l'horizon à l'autre. Et les villas, les bastides, les bastidons, les oustalets, toute une végétation de maisonnettes, castels en miniature, petits paradis enjolivés, coloriés, enluminés, décorés de pignons, de fresques, de statues, de coquets péristyles, de terrasses pilastrées, joujoux multicolores, blottis dans les massifs de mimosas, de rosiers et de géraniums.

Ce gracieux kaléidoscope défile, dans le cadre des portières, évoquant, au bord des criques bleues, l'illusion de multiples petites félicités, coupables ou légitimes, cachées dans le cadre même de l'idéal rêvé par les désirs les plus fiévreux.

On passe devant les cités provençales, blanches comme des épousées, au pied de castels rugueux et réchignés, puis on laisse derrière soi Marseille la bruyante, dont le port est comme une grande machine de guerre, qui lance au loin, sur la mer de turquoise, une multitude de traits qui sont des vaisseaux en partance. Enfin, on arrive sur la Côte d'Azur et dans cette vitrine naturelle de splendeurs, les villes de plaisir et de santé s'égrènent les unes après les autres. Ce sont Hyères, rêveuse au loin, à l'ombre de ses palmes étendues sur le triomphe de son éternel printemps, St-Raphaël la coquette, dont le golfe, de couleurs et de lumière, a une mollesse féminine, aux courbes assouplies, Cannes, l'aristocratique, dont toutes les villas sont des palais et tous les jardins des serres tropicales, Juan-les-Pains, avec, sur le miroir de la mer, la retombée fière de ses pins parasols, Antibes la guerrière, triste sur ses remparts abattus et enfin, Nice, Nice la belle, la rose et la piaffante, où nous allons nous arrêter, malgré le charme de cette promenade, le long de ce vaste jardin, dans la marche berceuse des express.

NICE. — Chef-lieu du département des Alpes-Maritimes, d'une population de 106,246 habitants, est située dans un nid protégé de tout froid par une vaste ligne arrondie de collines de 200 à 750 mètres, appuyées par une seconde ligne de coteaux et de contreforts et renforcées par des chaînes de montagnes, de 1300 à 2300 mètres, qui font l'effet de bourrelets et calfeutrent hermétiquement ce joli paradis contre l'invasion de tout frimas. Ce sont, du nord-nord-ouest au sud-est, du Mont-Chauve au Var, les collines de Château-Renard, de la Sereine, du Col

NICE. Vue prise du Château

du Bart, de Pessicart, de Ferrick, de St-Pierre, de St-Philippe, de Bellet, etc. Dans l'intérieur du plateau s'élèvent les terrasses fleuries de St-Hélène, les Beaumettes, St-Barthélemy, St-Maurice, le Falicon, Rimiez, etc. Derrière cette ligne, qui se subdivise en une multitude de coteaux et de vallons, est appliquée une autre chaîne, dont le sommet principal est le Ferrion, qui a 1400 mètres d'altitude ; puis, derrière le Mont-Gros, une nouvelle chaîne, dont les sommités sont dominées par les crénelures blanches des Alpes, massif de glace où se détachent, majestueuses, les cimes de l'Argentera, du Mercantour, du Gelas, du Clapier et du Diable. Au nord-ouest, encore une chaîne assez élevée, du Var à l'Estéron et qui a le Mont-Vial pour cime principale ; enfin, dans la direction du nord-ouest au sud-ouest, la Cordillère de Provence, dont le croissant montueux va jusqu'à Saint-Tropez.

Toutes ces montagnes et ces collines, à interceptions longitudinales et transversales, forment une foule de petits bassins, de gorges pittoresques, de vallées tièdes que la nature a disposées en gradins, dont le grandiose amphithéâtre va en s'abaissant, en pente insensible jusqu'à la mer, entourant la ville de leurs contreforts, où éclatent, grâce aux verdures délicates, une gamme infiniment harmonieuse de violets langoureux et de verts apâlis. Au milieu s'étend, vers le frisson et la morsure des flots bleus, Nice, Nice la belle, Nice la jolie, la ville d'or et de roses, la cité pâmée de joies et affolée de richesses, l'opulente et la voluptueuse, qui développe son brocart d'avenues et de villas, où des princes rêvent à la royauté et des mondains à l'amour et que piquent, de bouquets d'allégresse, les jardins exquis aux retraits de volupté, où s'épanouissent, comme des cassolettes de parfums, les orangers et les roses. Toute cette nature n'est pas seulement imprégnée de la lumière qu'elle reçoit du ciel ; on dirait qu'elle resplendit des rayons emmagasinés par les rochers, les grèves, la mer, les fleurs, depuis des siècles et qu'elle a, de ce fait, un éclat qui lui est propre.

Nice peut être, suivant la définition fort juste de J. Macquarie, divisée en quatre parties : la ville du Port, à l'est du Château, la ville centrale et la ville du XVIIIe siècle, à l'ouest du monticule jusqu'au Paillon ; enfin, la ville moderne, sur la rive droite du Paillon.

La vieille ville est construite, comme la plupart des cités du moyen âge, sur le flanc de la forteresse, vers laquelle montent les rues sinueuses et étroites, dallées, monotones et vivantes à la fois, encombrées d'enfants et de souvenirs, avec des couloirs obscurs, antres où vivent des êtres que l'on sent grouillants, évocations d'âmes de foule, population qui ne veut pas être moderne, qui se refuse à vivre dans le siècle. Bien que le temps ait mis sa patine sur les façades de ces sombres quartiers, les maisons conservent, malgré leur vieillesse morose, une vague allure de palais, on ne sait quelle fierté du passé, que trahissent les portes à ogives, ouvertes sur des cortiles à colonnades, que viennent rejoindre les rampes de fer, délicatement et superbement ouvragées, des larges et somptueux escaliers. Çà et là, des balcons de

Vieille rue à Nice

marbre qui crèvent les murs de leur luxe bosselé ou de fines corniches noyées d'ombres et des fresques effacées, débris de splendeurs. Puis, un peu partout, des chapelles avec des saints gris de poussière, aux effigies usées par l'effleurement des siècles, que leur vétusté empêche de prier, et, sur des portes de caves ou d'entrepôts, des mascarons évoqués d'un cycle infernal, ou des écussons nobiliaires, effrités et lavés, vestiges d'antiques héroïsmes et de valeurs envolées. A chaque pas, des buvettes dallées, où l'on consomme les mets locaux, arrosés des crus noirs de Ligurie ou de vins fleurant la framboise.

Il y a là un dédale inextricable de rues, de ruelles et de places, la rue Droite, une des plus animées, où fut le Palais des Lascaris et où se trouve l'Eglise du Gésu, que les Jésuites bâtirent en 1650, la place Rossetti, avec l'Eglise cathédrale de St-Réparate, édifiée en 1517 et qui s'écroula, quelque années après sa construction, ensevelissant l'évêque Désiré de Palletis et un grand nombre de fidèles, puis les rues de la Boucherie, du Marché, des Voûtes, de la Loge, de la Croix, du Rey, de la Condamine, la rue Saint-Joseph, qui, traversant la rue des Voûtes, rejoint la rue du Château et la Montée, qui conduit au cimetière et au château. A gauche, c'est la place St-François, emplacement du marché aux légumes, avec, dans un des angles, l'ancien Hôtel de Ville, qui présente une belle façade du XVIIIe siècle et abrite actuellement la Caisse d'Epargne et la Bourse du Travail. La rue Pairollière conduit à la place Neuve, laissant, sur la gauche, l'Eglise St-Augustin, qui s'appelait, jadis, St-Martin et où Luther célébra la messe en 1510. Du même côté, s'allonge la rue Sincaïre, où était la Tour à cinq angles, qu'illustra une héroïne niçoise. Catherine Ségurane, et, un peu plus loin, l'hospice de la Providence, fondé par l'abbé de Cessoles. La vieille ville est reliée à la ville moderne par les rues de la Préfecture et la rue Malonat, où se voient les restes de l'ancien Palais des Gouverneurs de Nice.

Près de là, la place Ste-Dominique et le nouveau Palais de Justice, édifié sur une ancienne église et une caserne qui a remplacé un couvent. A droite, la **Préfecture,** beau bâtiment, qui date de 1611, d'abord palais du roi, puis siège du gouvernement, que Charles-Emmanuel inaugura en 1615. En face de la Préfecture, la place où s'élève l'estrade officielle devant laquelle défilent les chars de S. M. Carnaval et leur cortège, à peu de distance de l'endroit où Sa Majesté éphémère est livrée aux flammes rédemptrices. Puis, tout le long du cours Saleya, le marché aux légumes et aux fleurs. Là, trônent trois rangées de marchandes, la plupart abritées sous les larges parasols à douze branches ; là, dans un amoncellement pittoresque, c'est un hourvari de couleurs, une confusion de nuances, radis roses, légumes verts et charnus, oranges empourprées et citrons d'or fin, dans une gaine de feuilles vernissées, à côté des trésors éblouissants et odorants des fleurs, violettes, roses, anémones, tubéreuses, mimosas, œillets, jacinthes, gammes de couleurs et ondes de parfums, dont les mondaines adressent de coquettes boîtes à leurs amis du Nord, comme échantillons du perpétuel printemps de Nice.

Par le Quai du Midi, on gagne le chemin des Ponchettes, qui longe la mer et, très exposé au vent du large, a reçu le nom de *Raüba capeü* (vole-chapeau). En 1892, le lieutenant Léon Taverne s'y tua, avec son cheval, et l'on n'a jamais pu retrouver son corps, enseveli dans les grottes sous-marines creusées par la furie du flot. En contournant le château, on arrive au **Port**. Sous les comtes de Provence, Nice avait deux ports, l'anse appelée Lympia, du grec Olympia ou peut-être du mot *limpidus*, qualificatif de la mer, situé sur l'emplacement du port actuel et un autre plus petit, appelé port St-Lambert, du nom d'un petit oratoire situé sur le rocher au bas du château, et protégé par deux môles, dont il ne reste, d'ailleurs, aucune trace. Le port actuel, gardé par deux môles et creusé entièrement de main d'homme, sous Charles-Emmanuel, en 1750, a une étendue de 8-900 mètres, une profondeur de 5 et donne lieu à un certain trafic. Son extrémité de droite est décorée d'une statue de marbre blanc de Charles-Félix, qui date de 1826, située en face de l'avenue Montfort, ainsi nommée en mémoire d'un général qui résista, en 1543, au duc d'Enghien. Sur les quais, l'Hôtel de la Marine, qui occupe la place de l'ancienne préfecture maritime, les douanes et les docks.

Au fond du port, la belle **place Cassini**, où se trouve la statue du président Carnot, et dont le prolongement conduit à gauche sur la route de Villefranche au quartier de Mont-Boron et sur la nouvelle route de la Corniche et derrière laquelle est l'église du Port. Si, au contraire, nous tournons à droite, nous arrivons, par la rue Cassini, à la **place Garibaldi**, où s'élèvent, entourés de maisons à façades régulières, le Musée d'histoire naturelle et la statue en marbre blanc de Carrare, sculptée par Deloye, du héros italien, né à Nice. Garibaldi y figure debout, la

Le Marché des Fleurs à Nice

main sur le sabre et la statue est montée sur un piédestal représentant la France et l'Italie, sous la garde de deux superbes lions, veillant sur Garibaldi dans son berceau. De cette place partent, à gauche, le boulevard Risso, qui conduit aux Abattoirs; à droite le boulevard du Vieux-Pont, qui aboutit à la place Masséna et, au centre, le pont Garibaldi, qui communique avec le quai St-Jean-Baptiste, le centre de la ville, le quartier Carabacel et le quartier de la Place d'Armes, où sont les hospices des Petites Sœurs des Pauvres, les nouvelles prisons et la Caserne de Gendarmerie.

Bien que plus propre et plus vivante, la ville moderne est peut-être moins intéressante que la cité ancienne qui abrite tant de souvenirs. **L'avenue de la Gare,** appelée d'abord avenue du Prince-Impérial, qui part de la gare, située à l'extrémité nord de Nice et se termine à la place Masséna, en est, sans contredit, la principale artère. C'est un fort beau boulevard, bordé d'hôtels et de belles maisons, où s'avancent les façades fleuries et bruissantes de somptueux cafés et qui a l'animation et le brouhaha élégant d'une capitale. Dans cette avenue, l'église Notre-Dame de Nice, construite par l'architecte Lenormand, sur le type d'une église d'Anjou du XIIIe siècle; elle a 60 mètres de longueur et la nef 18 mètres de hauteur, de l'intrados au dallage. Le chœur, allongé et entouré de dix colonnes, occupe une grande partie de l'édifice, les collatéraux sont bordés de sept chapelles et les voûtes des nefs supportées par de frêles colonnes d'une exquise délicatesse; les fenêtres ont de beaux vitraux et le vaisseau est à la fois hardi et fort léger. La principale façade extérieure est flanquée de deux tours percées de longues fenêtres, réunies par une balustrade ajourée, au-dessus de laquelle, sur toute la largeur, se développe l'élégance d'une galerie à arcades trilobées supportée par de fines colonnettes, tandis qu'une belle rose fleurit au-dessus de la grande porte. Les tours sont inachevées et, malgré lui, l'œil habitué aux hardiesses gothiques, cherche la pyramide extatique des flèches, en ascension vers l'azur.

Aux deux tiers de l'avenue de la Gare partent deux grands boulevards, les **boulevards Dubouchage** et **Victor-Hugo,** qui se font face, et les deux plus luxueux de Nice. Le premier est embelli de magnifiques ombrages et de jardins exquis, qui servent de préface fleurie aux villas les plus fanfreluchées. Sur cette voie se dresse la façade ionique du **Musée de tableaux,** où sont certaines œuvres remarquables, entr'autres les tableaux : *Thésée, vainqueur du taureau de Marathon,* du peintre Vanloo, né à Nice ; *Une séance de clinique à la Salpêtrière,* de Bouillet ; *Jacob chez Laban,* de Lérolle ; *Pendant la guerre,* de Luminais ; *Marchande d'eau et marchande d'oranges,* de Clément ; *La servante du Harem,* de Trouillebert ; *Le chemin du Prado, à Hyères,* de Paulin Bertrand ; *Venise,* de Ziem, etc. Puis, ce sont le **Palais de la Bourse** et, en face, l'**Hôtel de la Charité.** Le boulevard Dubouchage aboutit au boulevard et au quartier de **Carabacel.**

Le boulevard Victor-Hugo conduit au long **boulevard Gambetta** par une triomphale avenue de superbes propriétés et d'hôtels splendides, entourés de jardins aux merveilleux parterres. A proximité, le Temple russe, l'Eglise écossaise et le Temple allemand. Sur ce boulevard viennent converger, à droite et à gauche, les avenues Durante et Aubert; les rues Gounod, Berlioz, du Congrès, Dalpozzo et Meyerbeer.

En descendant l'avenue de la Gare, qui se termine par des arcades, où se réfugient les désœuvrés lorsqu'une pluie fugitive vient ternir le beau ciel de Nice,

Avenue de la Gare à Nice

on débouche sur la superbe place Masséna, où s'ouvrent, à droite la rue Masséna, plus loin, rue de France, qui traverse la place Croix-de-Marbre, abrite l'église St-Pierre d'Arène, va jusqu'aux quartiers St-Philippe et des Beaumettes, et, à gauche, la rue

Gioffredo, qui pousse ses populeuses sinuosités jusqu'au boulevard Carabacel et le quai St-Jean-Baptiste, pépinière des grands hôtels, où sont construits l'Eglise du Vœu, le Lycée et, sur un square, derrière le Casino, une hautaine statue du général Masséna, enfant de Nice, œuvre de Carrier-Belleuse et érigée en 1869. Sur la **place Masséna** sont les cercles, les grands cafés, fréquentés par les plus chics clubmen et les plus pimpantes aimées. Au centre, la façade monumentale et la terrasse gracieuse du Casino municipal, construit sur le Paillon, et dont le Palmarium, unique au monde, les spectacles continuellement variés, les concerts quotidiens, les salles de jeu, de bal et de lecture, font un des lieux de plaisir les plus courus de Nice.

On ne reconnaît guère le cours du **Paillon**, grâce au somptueux revêtement de palais et de jardins sous lequel on l'a dissimulé. Et il doit être furieux, ce méchant torrent, qu'alimentent les petites rivières troubles des montagnes, venues de Touhet, de Saint-André, de Contes-de-Cantaron, de ne plus pouvoir, de ses eaux grises subitement gonflées et grondantes, renverser tout sur ses rives et se livrer à des débordements licencieux et intempestifs, dont il avait pris la trop funeste habitude. Ainsi, il ne causa pas moins de quatorze inondations dans les trois derniers siècles et, particulièrement mal intentionné, il renversa, le 9 octobre 1530, le pont St-Antoine, un grand nombre de maisons des champs et plus de trois cents murailles de jardins, d'enclos et de prairies, étendant ses eaux limoneuses jusqu'aux plaines de Roquebillières et de Lympia.

Le 15 août 1601, l'historien Durante raconte « qu'il abattit une quantité de maisons et de murailles et ruina toute la plaine et les collines jusqu'au Var, emportant les hommes et les bestiaux, la masse des eaux s'étant élevée à une hauteur prodigieuse et ayant même menacé d'emporter le rempart du côté de la porte du pont. » En 1812, nous voyons, par d'anciennes gravures, que la rive droite du Paillon était peu ou pas du tout peuplée, couverte de jardins et d'oliviers et que son embouchure formait un marécage qui baignait le pied des remparts.

Aujourd'hui, ce que l'on voit de cette méchante rivière est du plus piteux effet et justifie les vers satiriques que lui a décochés le poète genevois Petit-Senn :

> Le Paillon, perdu dans un espace vide,
> Au fond d'un lit géant, fier de s'ensevelir,
> A d'un sot employé la destinée aride,
> Il occupe une place et ne peut la remplir.

Une dame, le considérant une fois, du haut du quai St-Jean-Baptiste, écrivit cette réflexion sur son mignon calepin : « Paillon, rivière dans laquelle les blanchisseuses de Nice mettent *sécher* leur linge. »

Dans la clarté du radieux soleil niçois et le tumulte de la foule élégante, nous franchissons la place Masséna et nous nous trouvons dans la rue Saint-François-de-Paul, qui relie la vieille ville à la nouvelle. L'église **St-François-de-Paul**, construite en 1735, par les Pères Minimes, y surélève son austère façade. Un peu plus loin, l'**Opéra**, établissement subventionné par la ville, fondé en 1770, par un Niçois, Alli de Maccarani et détruit, en 1881, par un incendie, qui fit plusieurs centaines de victimes. Reconstruit immédiatement, il occupe un emplacement de près de 2000 mètres. Haute de 20 mètres, sa façade est décorée de statues allégoriques, avec des colonnes en marbre de Vérone et des chapiteaux de bronze. Sa salle est de style Renaissance avec trois étages de loges à l'italienne. On y joue tout le répertoire classique et de nombreuses étoiles viennent, pendant la saison, y briller aux feux de sa rampe.

A quelque distance, la **Bibliothèque de la ville**, qui contient 90,000 volumes, dont 300 incunables et 125 manuscrits; parmi les ouvrages rares, nous citerons une bible manuscrite du XIIIᵉ siècle, avec vignettes et lettres ornées, un livre d'heures flamand, manuscrit, du XIVᵉ siècle, revêtu d'une reliure de l'époque, en veau frappé, beaucoup de volumes avec de curieuses reliures des XVᵉ et XVIᵉ siècles, velin, maroquin, reliures Grôlier et tranches dorées et gaufrées. La Bibliothèque renferme, en outre, une collection de médailles provenant d'un legs du comte de l'Escarène et de dons particuliers, puis des débris archéologiques curieux, sculptures, urnes et inscriptions de diverses époques.

Nous revenons sur nos pas et, devant nous, s'étendent les parterres fleuris, les tapis, de réelles verdures du **Jardin public**, que borde le quai Masséna, avenue de magasins aux vitrines éblouissantes, qui confine à la célèbre **promenade des Anglais**, devant laquelle se trouve le groupe de marbre de l'annexion de Nice à la France, inauguré en 1896, par le président de la République.

Promenade des Anglais et Palais de la Jetée-Promenade, à Nice

L'origine de ce boulevard, une des merveilles du littoral, est fort curieuse. Toute cette partie de Nice n'était, en 1822, qu'une prairie, confondue avec la plage, où, dit la tradition, fut planté le premier oranger, né des fruits d'or qu'Hercule déroba au Jardin des Hespérides.

En 1830, des Anglais firent une collecte dans le but de niveler et sabler le sentier, parcouru par les rares étrangers qui, à cette époque, venaient là jouir de la vue et se baigner dans les lumineux effluves du soleil. Le chemin convenable qui s'ensuivit, prit le nom de chemin des Anglais, et, d'embellissements en embellissements, il en arriva à la somptueuse avenue d'aujourd'hui.

C'est là que, sur le trottoir asphalté, à l'abri des légendaires palmiers, dont s'est emparée la chromolithographie du monde entier, devant les parterres fleuris de villas blanches à terrasses plates et d'hôtels trop beaux, les snobs, fatigués, aux pieds lourds, et les jolies mondaines, en toilettes plus claires que le printemps éternel de la Côte d'azur, vont se faire admirer de 2 à 4 heures. La mer a creusé là un golfe si suave et si doux qu'on n'a pu mieux l'appeler que la **Baie des Anges**, sur laquelle on raconte une exquise légende :

« Jadis, un jour, une belle jeune femme païenne se promenait en bateau sur la surface calme de la mer; la tempête s'éleva soudain et bien que les rameurs eussent fait forces de rames vers la terre, le bateau fut englouti. Tout à coup, au-dessus des vagues, qui bondissaient échevelées, apparurent de blancs fantômes, voltigeant autour de la barque renversée; leurs ailes azurées rasaient l'eau; ils prirent, dans leurs bras, la jeune femme évanouie, séchèrent avec le souffle de leur haleine ses beaux cheveux tout trempés par l'eau de la mer et la déposèrent saine et sauve sur le rivage; puis on les vit remonter au ciel et disparaître dans les nuages. Le lendemain, la jeune femme embrassa le christianisme et, depuis lors, on nomma cet endroit la Baie des Anges. »

Sur ce rivage mondain, la mer est un lac tranquille

Statue de Garibaldi à Nice

et élégant, sillonné d'embarcations, qui reflète dans le miroir de sa surface la silhouette orientale du **Palais de la Jetée-Promenade**, un lieu de plaisir digne des Mille et une nuits, où sont concentrées toutes les joies et les distractions dont s'abreuve la société moderne. A peine, de temps à autre, une vague qui déferle avec furie, et la brise a l'air de murmurer des compliments et de sentir bon, comme les belles Niçoises, aux yeux de velours, qui passent, avec leur démarche de jeunes souveraines. Tout est exquis, pimpant, d'une joliesse de joujou neuf, d'une préciosité de bibelot rare ; la nature a des coquetteries, elle exhibe une terre rouge, des rochers de porphyre, des fleurs de rêve, un ciel si lavé, si propre, des arbres à la mode et, dans ce cadre précieux, la mer s'allonge, souple, à peine féline, caressante, lassée, trainant, sur les galets polis et bruissants, la souplesse de son flot moiré, frangé des dentelles frissonnantes de l'écume mousseuse. Elle semble vouloir inviter les élégants, les heureux de cette civilisation de fin de siècle à se laisser bercer, sur son sein, dans des nefs fleuries, aux sons de musiques d'amour, en route vers d'autres rivages où l'extase du ciel bleu et du calme de béatitude se continuerait indéfiniment, en l'oubli total de la vie. Mais si l'on va vers St-Hélène, le faubourg brûlé de soleil, si l'on quitte l'asphalte chaude, où la foule moutonne et bruit, dans un frou-frou de soie et de propos musqués, petit à petit, la mer s'évase, s'agrandit, devient une chose énorme, dont le regard ne peut plus se détacher et qui efface tout; on avance encore, c'est l'infini qui éclate soudain, l'infini du grand large, la splendeur inquiétante de la ligne grise où se confondent l'azur du ciel et l'azur de l'onde, ce quelque chose d'horrible et de beau que nos sens ne peuvent percevoir, cette sensation de la grandeur et de l'éternité des choses, qui annule et écrase notre faible entendement, notre intelligence au domaine borné. Alors, cela devient de l'extase; il faut s'asseoir sur la

Les nouveaux jardins et le Casino municipal à Nice

grève, voir, ne plus marcher, ne plus avoir d'autre fonction que celle de béer, d'être stupide d'allégresse et d'admiration. A gauche, Nice toute entière, Nice la blanche, qui a l'air de piaffer, avec des allures fringantes, comme un murmure de flirt, une soif de plaisirs, parée de ses villas d'étagère, de ses promenades aux senteurs de boudoir, de ses quais qui sont des jardins fleuris d'Armide, sur l'écran sombre de la colline plantée d'oliviers et d'aloès de la poudreuse Villefranche. A droite, un cap mince et ténu, qui finit et s'efface, assombri d'eucalyptus, éclairé des taches blanches des bastides éparpillées et, devant, partout, géante, immense, la mer, toute la mer, *cœruleum mare*, la grande magicienne, coulée d'émail précieux, paillonné et cloisonné de nuances étranges, qui changent, luisent et se confondent, avec, parfois, des tons clairs de porcelaine, sur l'oxyde foncé des horizons indécis et mouvants.

Parmi les villas somptueuses où a passé tout un monde de célébrités, qui font de la Promenade des Anglais un lieu de délices, les plus connues et les plus illustres sont la **villa Dalmas**, au n° 25, où Meyerbeer écrivit une partie de *l'Africaine*, la **villa Lyons,** habitée par Ali Pacha et le roi de Bavière et la **villa Stirbey**, qu'occupèrent l'Impératrice de Russie et le sculpteur Carpeaux.

Si, tournant le dos à la mer, nous nous arrachons à sa fascination mystérieuse et nous remontons vers les collines qui font de Nice une serre tiède, nous traversons successivement de délicieux faubourgs, qui ceinturent la ville comme d'une corbeille de fleurs et de verdure. Ce sont, sur un demi-cercle, Les Baumettes, Magnan, St-Philippe, St-Etienne, St-Barthélemy, St-Maurice, Rimiez, St-Roch et le quartier de Mont-Boron, où les villas succèdent aux villas, les jardins aux jardins, dans un exquis désordre de parfums et de couleurs.

CHAPITRE II

Notice historique sur Nice

Le pays niçois fut primitivement habité par des peuplades nommées les Liguriens, dont l'origine est problématique. Plusieurs historiens leur attribuent une provenance indo-européenne; Dessaix en fait des Celtes ou Galles, descendants de Gomès, fils de Japhet, Thucidyde les fait venir du Nord et s'établir dans le pays après en avoir chassé les habitants primitifs, qui s'appelaient les *Sicanes*. D'après Toselli, l'étymologie de Ligurien vient du celtique *Ligur*, homme de mer. D'après Pelloutier, de *Lly-guer*, sédentaire ou établi dans un pays, d'après Fréret, de *Lly* et *gour*, peuple établi sur les bords de la mer et, d'après Burdetti, de *Lly-gor*, montagnard.

D'anciennes traditions racontent qu'un Grec, nommé Phaéton, aurait, longtemps avant l'ère chrétienne, colonisé le littoral et donné aux peuplades implanteés le nom de son fils, Ligurus. Quoi qu'il en soit, ils furent les premiers habitants connus des

Alpes Maritimes. Ils constituaient un grand nombre de peuplades guerrières, appelées, généralement, *Alpini* ou *Capillati*, à cause de leur longue chevelure. On a les noms des Oxybiens, de Cannes; des Décéates, d'Antibes; des Ligaunes, de Grasse; des Védiantiens de Cimiez; des Ectini, de Puget-Théniers et des Rotumbiens, de Menton.

D'après les écrits de Polybe, Amon et Jules César, leurs principales divinités étaient Esus, créateur de toutes choses, Belenus ou le soleil, dispensateur de la lumière, Belisane ou la lune, régulatrice des saisons et Teutatès, le père des hommes, c'est-à-dire la terre; comme divinités inférieures, Thémiramis présidait à la paix, Heus à la guerre et Prostrasis à la famille. La tradition dit qu'Hercule conduisit la première flotte en Ligurie et, après avoir fondé le port de Monaco, fut en lutte avec les habitants; il serait même venu jusqu'au Var, à la poursuite des Liguriens, et, ses flèches étant épuisées, Jupiter aurait fait, du haut des nuages, pleuvoir des pierres sur ses ennemis. Un de ses capitaines, nommé Braüs, aurait battu les Vibères et donné son nom au col, où il remporta la victoire.

Vers 600 ans avant Jésus-Christ, les galères phocéennes apparurent sur la haute mer, allant de Tyr à Carthage, en passant par la colonie de Cyrnos (la Corse); Palliari Léa raconte que leur chef, Euxène, aborda au territoire des Ségobriges, au moment où Nann, roi des Ligures, se préparait à célébrer le mariage de sa fille. La jeune princesse, qui, selon l'usage, ne devait paraitre qu'à la fin du banquet, pour fixer son choix, repousse les prétendants et tend au bel étranger la coupe symbolique de l'hymen. Le Phocéen devient gendre du roi, reçoit en dot le golfe qui abritait ses navires et Marseille est fondée. Enchantés de ce joli pays, dont les baies et les colli-

Nice en 1610, d'après l'original

nes boisées leur rappelaient le golfe bleu de Cymé et les rivages de la Phocée, les Massaliotes sèment la vigne et l'olivier et apportent, dans la Ligurie, la douceur artistique de leur civilisation. Puis, leurs navires, hémioles peintes de pourpre et de hyacinthe, camares, acathions légers et rapides ou diprores à double proue, se répandent sur toute la côte, fondant des colonies, établissant des comptoirs. C'est ainsi qu'en 350 avant Jésus-Christ, suivant les uns, en 598, suivant les autres, très peu de temps après la fondation de Marseille, suivant une troisième tradition, ils jettent les fondements de la ville de Nice et lui donnent le nom de Victoire (du grec Nikè), pour célébrer la défaite des hordes liguriennes, accourues pour les massacrer. Une autre étymologie, peu accréditée d'ailleurs, fait venir ce nom de Nissa, montagne d'Ionie, patrie des Phocéens. L'origine de la cité est une petite enceinte fortifiée, formée avec les navires tirés sur la grève et adossés au rocher du château, défense naturelle, sur lequel était un poste; cette enceinte était vraisemblablement fortifiée par un rang de pieux et un fossé, qui bordaient le marécage du Paillon; puis on bâtit un temple, élevé à la Minerve Nikaia, que remplaça, en 1153, la petite chapelle de St-Lambert. Et là, les intrépides Ioniens, sous les ptéryges dorés qui abritent la poitrine et les épaules, fiers sous les casques d'airain ornés de peaux de lion, dont les dents formaient une couronne, vécurent et bataillèrent gaiement, entourés des hordes liguriennes, qui grondaient dans leurs impénétrables retraites, pendant que les lourds vaisseaux, montés par les marins vêtus de la kitoniske et de la fénule, couraient à de nouvelles conquêtes.

La jeune ville se développa, s'agrandit, fit craquer le corset étroit de sa première enceinte, fonda Antibes

(Anti Polis, vis-à-vis de la ville), pour s'appuyer et avoir une compagne dans la lutte terrible soutenue contre les indigènes, qui agrandirent leur capitale Cimiez, pour lui faire pièce. Et l'invasion des Liguriens augmenta, le cercle se resserra chaque jour ; ce sont des luttes continuelles, une poussée formidable des tribus autochtones pour jeter à l'eau ces étrangers et venger les défaites subies. Nice, alors, demande du secours à Marseille ; mais, celle-ci, a trop étendu ses conquêtes et trop disséminé ses forces en de lointaines colonisations ; elle ne peut défendre la jeune cité et s'adresse à Rome. La métropole comprit le parti qu'elle pourrait tirer de ce pays neuf, où allait s'exercer son irrésistible influence et, en 239 avant Jésus-Christ, lança ses légions en Ligurie. Toutes les tribus liguriennes se soulevèrent en masse et il y eut des luttes épouvantables dont le passage d'Annibal, dans les Alpes, ne fit qu'augmenter l'intensité.

Nice embrassa le parti de Rome et les Romains, reconnaissants, envoyèrent de nouvelles troupes et après de sanglantes péripéties, des carnages impitoyables de part et d'autre, la Ligurie fut soumise, en 161 avant Jésus-Christ. Les Salyens, définitivement vaincus, ne voulurent pas se soumettre et préférèrent ne pas survivre à la perte de leur liberté ; de tous côtés, d'immenses bûchers s'élèvent et dans les flammes, ils précipitent les cadavres de leurs femmes et de leurs enfants ; d'autres se jettent du sommet des rochers et les prisonniers se laissent mourir de faim.

C'est une race entière qui est supprimée. Les autres peuplades feignent de désarmer; mais, au milieu des luttes qui éclatèrent entre César et Pompée, elles se soulevèrent en masse; réprimées encore, elles se soulevèrent de nouveau et furent définitivement écrasées par les troupes d'Auguste, qui porta la guerre jusque sur les cimes les plus lointaines des Alpes et pacifia enfin la contrée. Alors, les Romains organisent ces nouvelles provinces romaines, dont le chef-lieu fut Cimiez, et s'efforcent, tout en respectant leurs lois municipales, de faire pénétrer dans ce pays les énergiques bienfaits de leur civilisation; c'est à la fois le joug de fer et d'or, la classique main d'acier gantée de velours. Ils appellent leur conquête *Provincia Narbonensis* ou seulement Provincia, d'où naquit le nom générique de Provence.

Elle fut divisée en deux parties, plus tard, *Narbonensis I*[a] et *Narbonensis II*[a]. Nice se trouvait dans la seconde. Une nouvelle province est formée, celle des Alpes Maritimes *(Provincia Alpium Maritimarum)* au détriment de la Narbonensis II[a], avec, pour chef-lieu, **Cimiez** *(Cemenelum)*.

Le tableau qui fut publié, vers la fin du IVe siècle, sous le titre de *Notitia provinciarum et civitatum Galliæ*, mentionne, dans cette province, Embrun, Digne, Castellane, Senez, Glandévès, Cimiez et Vence. Cimiez atteint l'apogée de sa prospérité et porte le nom de *Civitas*, tandis que Nice décline et n'est plus qu'un port d'approvisionnement, que Pline qualifie, vers l'an 110, *d'oppidum*, qualification qui se retrouve jusqu'au temps du pape St-Hilaire, vers 465. De tous côtés s'élèvent des arènes, des thermes, des monuments, des aqueducs; Pline l'ancien, décrivant la région, moins d'un demi-siècle après Auguste, dit que c'était plutôt l'Italie qu'une province. Une grande voie romaine traversait les Alpes Maritimes. Elle portait le nom de *Via Aurelia*, mais plusieurs bornes milliaires trouvées près de Nice la désignent sous celui de *Via Julia Augusta*.

La première partie fut vraisemblablement faite sous Aurelius Cotta et elle fut continuée jusqu'à Gênes par Emilius Scaurus; Auguste la prolongea jusqu'à Albintimilium (Vintimille), par la Turbie et la continua jusqu'au delà du Var; on l'appelle encore, en Province, *Lou Camin Aurelian*. D'après les bornes, elle fut construite l'an 742 de Rome, ou l'an IX de l'ère chrétienne. M. le comte de Cessoles pense que la numération de la Via Julia ne continuait pas celle de la voie construite par Aurelius Cotta et Emilius Scaurus, mais qu'elle était plutôt une suite de la voie Flaminienne, de Rome à Rimini et de la voie Emilienne, de Rimini à Plaisance, à la Trebbie et à Tortone jusqu'à Vado.

Le christianisme apparaît à l'horizon du monde, sortant de l'obscur berceau des catacombes de Rome. Les Alpes Maritimes embrassent la nouvelle foi, les prophètes et les apôtres se multiplient, les miracles éclatent dans cette contrée naïve, où le surnaturel pousse en pleine terre, comme l'olivier et la rose. St-Barnabé, St-Nazaire, St-Dalmas, St-Pons parcourent la région, prêchant la religion où le monothéisme s'alliait à une philosophie sociale et, au travers de grossières erreurs, transparait l'idéal de fraternité, au devant duquel marchent toutes les civilisations.

Bassus fut le premier évêque de Nice et les églises de Cimiez et de Nice sont une pépinière de protagonistes glorieux du règne du Christ. Devant cet éveil des esprits, ce prurit religieux qui poussait les néophytes à provoquer la persécution, germes des rénovations, dont nous ignorons encore le processus, la mythologie païenne, si esthétique et si tolérante, s'effondra toute entière. Constantin arbora l'étendard du Dieu unique et le christianisme s'établit régulièrement, comme religion d'Etat.

Soudain, les Barbares surgissent sur le seuil de l'histoire, hordes hurlantes et terribles, environnées d'une sinistre auréole d'incendie et le monde civilisé semble disparaître dans un cataclysme. Ce ne sont pas des hommes, des armées, c'est une trombe, des vagues humaines, qui passent et repassent. Vandales, Visigoths, Huns, Francs, Lombards, races meurtrières, essaims affamés, se ruent à l'envi et l'humanité recule épouvantée. Nice est anéantie ; il n'en reste que quelques huttes.

Au IIIe siècle, suivant Toselli, ce n'est plus *qu'un misérable bourg, presque désert, sans mouvement et sans vie.*

Au IVe siècle, elle n'est qu'une simple station maritime, dépendante de la ville de Cimiez et qui ne porte pas le titre de cité.

Au V⁰ siècle, les Barbares repassent; les Niçois se retirent derrière les murs de Cimiez et, malgré la valeur du chef romain Ezio, leur bourg est détruit de nouveau. Cimiez tient bon et résiste. A leur tour, les Burgondes dévastent Nice, sous la conduite de leur roi, le farouche Gondobeld. Puis les Lombards arrivent, dernier flux, mais le plus effroyable. Antibes et Vence sont anéanties; Cimiez succombe, enfin, réalisant la prédiction de St-Hospice, et ne fut plus qu'un chaos affreux de décombres fumants. Nice profita de la ruine de sa puissante voisine, dont les survivants grossirent sa population et prit peu à peu de l'importance. Elle fit successivement partie du royaume d'Austrasie et du royaume des Francs.

Pour échapper aux troubles qui déchiraient ce royaume, elle entra dans une confédération des villes d'Italie, sous le protectorat de Gênes. A leur tour, venant des pays du soleil, montés sur leurs légères galères, les Sarrasins et les Maures s'abattent sur ce malheureux pays; leurs trombes dévastent toute la Provence et les incendies s'allument de toutes parts de Marseille à Gênes.

Malgré Pépin et Charles Martel; les hordes reparaissent, sitôt chassées, le cimeterre d'une main, la torche de l'autre; aucune ville, aucune forteresse où ils ne mettent le panache terrible de la flamme. Narbonne, Marseille, Fréjus, les Iles Lérins, Antibes, Nice, St-Pons, Sospel sont ravagés. Ils occupent, un moment, tous les défilés des Alpes, St-Hospice, Eze, les crêtes de la Turbie, Ste-Agnès, où ils se fortifient dans des forteresses appelées *fraxinets*; à leur tour, ils fondent des bourgs, que l'on reconnaît à leurs désinences orientales. Enfin, Guillaume de Provence, à la tête de tous les seigneurs du pays et avec l'aide du valeureux Gibalin Grimaud et non Grimaldi, de Nice, comme on l'appelle trop souvent, les chassa de

Statue de Masséna à Nice

leurs repaires, en 975, en fit un grand carnage et les jeta à la mer, dans la lueur de leurs forts incendiés. Ils revinrent toutefois à plusieurs reprises; ainsi, au XVe siècle, ils font des incursions sur le littoral, commandés par deux chefs appelés *Lo Flagel de Dieu* (le fléau de Dieu).

En 1557, le duc Emmanuel-Philibert faillit être enlevé près de Villefranche, par une troupe de corsaires sarrasins, sous la conduite d'un renégat nommé Ochiali, et qui lui tuèrent plusieurs soldats.

En 1623, neuf galères et une galiote d'Alger et de Bizerte débarquèrent 700 Turcs près de Nice, à Magnan ; ils massacrerent tout, mirent le feu à la Tour des Serres, dans laquelle s'étaient réfugiés une centaine de femmes et d'enfants et partirent, emmenant de nombreux esclaves.

En plein XIXe siècle, en 1814, Dom Bonifassi raconte que, le 5 octobre, un corsaire tunisien, nommé Ibrahim, enleva, en pleine mer, près de l'embouchure du Var, un bateau monté par six pêcheurs niçois.

Au XIe siècle, Nice était une ville libre, alliée avec bon nombre de villes de Provence; en guerre avec les comtes de Provence et assiégée par l'un d'eux, Alphonse Ier, roi d'Aragon, elle fait, en juin 1176, un traité avec cette maison, reconnaît sa suzeraineté et jouit des franchises municipales les plus étendues et d'un gouvernement consulaire, jurant fidélité au comte, mais, dit Toselli, « se mettant hors de question, comme état libre, république, au même titre que les villes d'Arles, de Marseille, de Gênes, de Pise, d'Asti et autres pays d'Italie, qui, bien qu'admettant l'empereur, n'en gardaient pas moins leur libre arbitre, leur initiative et ne reconnaissaient d'autres prescriptions que les coutumes urbaines et leurs statuts. »

A cette époque, le titre de citoyen de Nice, ambitionné par tous, équivalait à un diplôme de noblesse et conférait le droit d'aspirer aux charges les plus élevées de l'armée et de la magistrature.

Après les comtes de Provence, Nice passa sous la domination de la maison d'Anjou, par le mariage de Béatrix, fille de Béranger de Provence, avec Charles d'Anjou, frère de Louis XI, roi de France. Elle figura dans toutes les luttes féodales qui suivirent le règne de Jeanne de Naples et se donna, le 27 septembre 1388, à l'habile et intelligent Amédée VII le Rouge, Comte de Savoie, duc de Chablais et d'Aoste, Marquis en Italie, prince du St-Empire romain, Seigneur en Provence, Vicaire général dudit Saint-Empire, par un traité, qui fut signé devant le couvent de St-Pons et garantissait les droits, privilèges, franchises, statuts et coutumes de la ville de Nice. Amédée entra en grande pompe dans la ville, accompagné de ses plus brillants seigneurs, au milieu des rues tendues de riches tapisseries, où cinquante jeunes filles, en robes blanches, semaient la route de feuilles de roses, pendant que des personnages comiques, recouverts de brillants costumes, avec joyaux par tout le corps et diadème sur la tête, faisaient grand nombre de mômeries et dansaient au son des instruments et que le peuple agitait, avec allégresse, des branches d'arbres et de palmes vertes.

Citons toutefois quelques divergences d'opinions entre les historiens, au sujet de cet acte ; entr'autres, M. le comte E. Caïs de Pierlas, au chapitre IV de son volume : « *La ville de Nice pendant le premier siècle de la domination des Princes de Savoie* », affirme qu'il aurait été subreptice et la conséquence d'une trahison des gouverneurs de la ville au profit de la maison de Savoie.

Amédée VII mourut, trois ans après, à l'âge de 31 ans, d'une blessure qu'il s'était faite en tombant de cheval, « *accomplissant*, dit le chroniqueur, *le voyage pour lequel justement fayre le rédempteur des humains l'avait demandé en cest monde* ». Dès cette époque, Nice fut fidèle à la maison de Savoie. A ses armes, qui sont « *d'argent à une aigle couronnée et issant de gueules sur trois rochers de sinople, issant d'une mer d'azur, avec deux branches de palmier pour support* » et la devise *Nicœa Civitas*, les ducs de Savoie avaient ajouté *fidelissima* et la représentaient sous la forme d'une jolie femme, debout sur un rocher que viennent lécher les flots, ayant le cœur ouvert avec, au milieu, la croix de Savoie, et, à ses pieds, un chien, emblème de fidélité.

Pendant cinq siècles, Nice ressent les contre-coups de la fortune de la maison de Savoie. En 1415, le comté de Savoie est érigé en duché. C'est à cette époque que furent complétées les formidables défenses du château de Nice, élevé par les rois d'Aragon.

La ville s'était peu à peu étendue; primitivement réfugiée au sommet de l'esplanade, elle rompt sa ceinture de murs et ses maisons, descendant gaiement de la colline, forment des faubourgs : **St-Martin**, **St-Eloi**, s'étendent insensiblement jusqu'au Paillon et jettent même au delà le faubourg de **St-Antoine**, aujourd'hui St-Jean-Baptiste. Toutefois, c'est dans la ville haute que se trouvent les trois églises principales, le siège des magistrats et des consuls, le palais épiscopal et le domicile des chanoines, et c'est sur la grande place, devant Ste-Marie, que le peuple tient ses comices. La ville basse, groupée autour du petit port de St-Lambert, aux Ponchettes, est mal habitée et mal vue ; on y confine les femmes de mauvaises mœurs, particulièrement dans les *postribuli* du faubourg St-Antoine, les Juifs et l'abattoir public. Toutefois, en 1500, on y voit déjà une quantité de maisons habitées par la noblesse et dont il reste quelques-unes dans les rues de la Condamine, Droite, etc.

En 1521, Nice est choisie pour le théâtre des fêtes merveilleuses qui accompagnèrent la célébration, à l'église de St-Dominique, du mariage entre le duc Charles III et Béatrix de Portugal, qui arriva, par le col de Villefranche, portée par quatre gentilshommes portugais, sur une chaise fourrée d'hermine, à la lueur de mille flambeaux.

Nice souffrit de la rivalité entre Charles-Quint et François Ier. La guerre éclate en 1524, et les armées belligérantes ravagent le joli pays bleu, qui subit toutes les horreurs des batailles, de la famine et de la peste.

En 1538, le pape Paul III s'offrit comme médiateur entre les deux adversaires et choisit Nice pour lieu de réunion. Charles-Quint vint le premier, à bord de la galère du prince Doria, accompagné de 27 navires, qui contenaient une suite nombreuse et 3000 hommes de garde. François Ier arriva, avec une formidable escorte d'arquebusiers, hommes d'armes, piquiers, chevaliers, suivi du Dauphin, du duc d'Orléans, de Monseigneur de St-Paul et d'Hippolyte d'Este, archevêque de Milan. Il était monté sur un très grand cheval, caparaçonné de velours bleu, qu'il faisait caracoler, avec les manches brodées à crevés et des boutons d'or ornés de pierres précieuses; il portait une toque surmontée d'une plume bleue, semblable à celle de la têtière du cheval.

Le pape Paul III attendait le roi et avait envoyé au devant de lui quatre cardinaux qui l'entouraient, deux à ses côtés et les deux autres à quelques pas derrière lui. Arrivé en présence du Souverain Pontife, François Ier mit pied à terre et, à genoux, lui baisa les pieds. Cette entrevue, qui dura quatre heures, eut lieu à la place **Croix-de-Marbre**, où une croix en pierre s'éleva en commémoration. Les deux souverains ne se virent pas, pendant l'entrevue, dont le résultat fut la signature d'une trêve de dix ans, nommée Trêve de Nice, qui ne fut, d'ailleurs, pas respectée.

La guerre ne tarda pas à se rallumer et la maison de Savoie ayant embrassé le parti de Charles-Quint, François Ier se décida à assiéger Nice, après avoir fait, avec Soliman II, empereur des Turcs, une alliance dont Florimond Rémond dit que : « C'est un exemple honteux pour le nom chrétien et catholique, qui s'est servi de l'infidèle ». Il mit le siège devant Nice, défendue par l'intrépide André de Montfort, avec une flotte turque de 300 voiles, portant 14,000 hommes et commandée par le terrible Khaïr-ad-din Barberousse et Paul de la Garde; une armée française, sous la conduite du duc d'Enghien, vint appuyer l'attaque. Après une lutte meurtrière, une brèche fut faite à la Tour Sincaire et les assaillants, en rangs pressés, allaient envahir les remparts, quand une femme, Catherine Ségurane, se précipite sur un porte-étendard turc, qui allait planter, en signe de victoire, son drapeau sur les murs, le tue, excite le courage des défenseurs et repousse l'assaut. Cette curieuse figure de Ségurane, fort vénérée à Nice, et à laquelle on éleva une chapelle, a été mise en doute par plusieurs historiens et l'on n'a, à vrai dire, à son sujet, aucun document définitif, bien que Gioffredo, dans son *Histoire des Alpes Maritimes*, le chevalier Durante, dans l'*Histoire de Nice* et Scalier, dans l'*Histoire de Nice et de Provence*, attestent l'exploit de Ségurane comme un fait historique. On lui éleva un buste, qui resta longtemps à la porte Pairolière et est actuellement à la Bibliothèque; il porte la date de 1543, et, au-dessous : « *detta donna man faccia* » (femme mal faite); on attribue cette dénomination plutôt au buste lui-même qu'à l'héroïne niçoise.

En 1803, la municipalité en fit élever un autre, en plâtre, sur la promenade du Cours; enfin, il existe encore une statuette en bronze de l'héroïne, que le comte Hippolyte Caïs de Pierlas offrit, en 1847, au roi Charles-Albert, lors de son séjour à Nice et qui se trouve dans une des salles du palais royal de Turin. Il existe, sur Ségurane, à défaut de documents sérieusement basés, diverses productions littéraires.

En 1806, le chevalier Louis Andrioli publia, en son honneur, un poème en vers italiens, *Segurana*, qui lui valut une médaille d'or du Conseil municipal de Nice.

En 1827, Joseph Dabray, secrétaire de la Mairie de Nice, composa, sur le siège de 1543, un poème héroï-comique, en dix chants, imité de l'Illiade, dans lequel Ségurane joue le rôle de Clorinde et finit par épouser de Montfort. Dans cette pièce, où Vénus, Jupiter, Vulcain et Bacchus figurent à côté de personnages historiques, Dabray qualifie ainsi Ségurane :

..... la nouvelle amazone
Qui, non moins chère à Vénus qu'à Bellone,
Fit tant d'honneur à mon pays natal.

J.-B. Toselli a écrit, également, sur Ségurane, un drame historique, en 5 actes et 10 tableaux, dans lequel elle joue un rôle prépondérant, et où nous trouvons cette phrase : (Acte III) « Montfort n'est rien, Catherine est tout ; c'est le guidon des habitants de la garnison ». Enfin, le notaire Eugène Emanuel fit paraître, en 1873, sur Ségurane, une dissertation historique, qui n'est pas sans mérite.

Après cette petite digression sur l'héroïne historico-légendaire, nous reprenons notre rapide aperçu de l'histoire de Nice. L'armée franco-turque dut se retirer, bien que la ville se fut rendue et eut même été pillée par les Turcs, mais la résistance de l'imprenable château et l'arrivée du duc de Savoie et de son armée contre-balancèrent les premiers avantages des envahisseurs.

Les habitants se portèrent au devant du duc, et le

La Rade de Nice

premier consul lui dit : « Nos plaies sont sanglantes et profondes, vos yeux les verront et vos bienfaits sauront les réparer ». Une période plus calme s'ensuivit, le traité de Château Cambrésis fut signé, après les batailles de St-Quentin et de Gravelines, par

François Ier, qui s'engagea à évacuer les états de Savoie. Henri II donna sa sœur Marguerite de Valois au duc Emmanuel-Philibert. Les noces furent célébrées à Nice avec une grande pompe et les Niçois fournirent, à titre de servants de l'étrier, vingt gentilshommes, habillés de satin blanc, avec une chaîne d'or au cou et vingt marchands, vêtus de satin rouge, le cou orné d'un collier et de divers bijoux.

Le duc Emmanuel-Philibert combla la ville de ses bienfaits, releva le château, l'arma à nouveau, fit creuser et fortifier le port de Villefranche, construire le fort de Montalban et restaurer celui de St-Hospice.

La sécheresse et la peste fondent alors sur le pays et la maladie terrible fit périr, en 1580, 5640 personnes en quatre mois. Et la guerre reparut, elle aussi, Charles-Emmanuel ayant pris le parti des ennemis du roi Henri IV.

En 1600, le duc de Guise vint attaquer la ville qui se rendit; en 1691, Catinat, au nom de Louis XIV, contre lequel s'était tourné le duc Victor-Amédée II, vint assiéger Nice; la poudrière sauta sous le feu des canons et les survivants de la garnison durent se rendre, malgré leur héroïsme. Nice fut restituée à la Savoie par le traité de Turin, en 1696, mais, en 1706, après deux sièges successifs et un terrible bombardement, elle dut capituler; son château fut démantelé et elle cessa d'être une ville de guerre. Après de grandes péripéties, le traité d'Utrecht rendit encore une fois Nice à la Savoie.

Le pays fut le théâtre des luttes entre les armées franco-espagnoles et les Austro-Sardes.

A la révolution de 1789, la maison de Savoie ayant pris le parti de ses alliés, les Bourbons, un corps de volontaires marseillais envahit le Comté de Nice, qui, à la grande joie des habitants, fut annexé à la République française, et le général Bonaparte vint prendre le commandement de l'artillerie de l'armée des Alpes. De nouveau, et par le traité de 1814, Nice revint à la maison de Savoie, qui rétablit ses privilèges et la reconstitua place forte, pour quelque temps.

Après la guerre d'Italie, Victor-Emmanuel céda le Comté de Nice et la Savoie à la France. Cette cession fut ratifiée par un plébiscite et cette annexion votée par 25,773 oui contre 160 opposants.

Le 14 juin 1860, le drapeau français remplaça définitivement le drapeau italien.

* * *

Niçois illustres. — Nice a donné naissance à un grand nombre d'hommes qui se sont illustrés dans les domaines les plus divers.

Nous citerons, entr'autres, les troubadours Blacas, Boyer, Châteauneuf et Féraud ; les poètes Rancher, Trinquieri, Léotardi, Lascaris, Dabray, Cristiny, Cougnet, Audiberti, Barralis et Sophie Sasserno, surnommée la Sapho niçoise ; les peintres Aubri-Melli, Durand, Biscarra, Barberis, Brea, Castel, Pierlas et Vanloo ; les historiens Durante, Crestini, Pastorelli, Scalieri, Badet, Borelli et Gioffredo ; les littérateurs Giuglaris, Audréoli, De May, Cotta, Astria et Alberti; les généraux Michaud, Raynardi, Masséna, Thaon, Papecin et Garibaldi; les législateurs Gasto et Dabray; les marins Olivari, Pacho, Doria et Bavastro; le magistrat Spitalieri de Cessole; les théologiens Cauvain et Verani; les médecins et professeurs Raiberti, Penchienati, Torrini et Gambarani; les ingénieurs Lunel, Michaud et Gardou; les naturalistes Guidice, Lascaris et Risso; les astronomes Cassini et Maraldi; les mathématiciens Passeroni, Cristini et Audifreddi; les administrateurs Jacques Del Pozzo, Jean-Paul Lescaris, le comte de Gubernatis et le négociant Pellegrini.

La plupart de ces hommes, dont la science et le talent reflétaient l'ardent esprit de la Provence, ont eu l'honneur de donner leur nom à une rue ou une place de Nice.

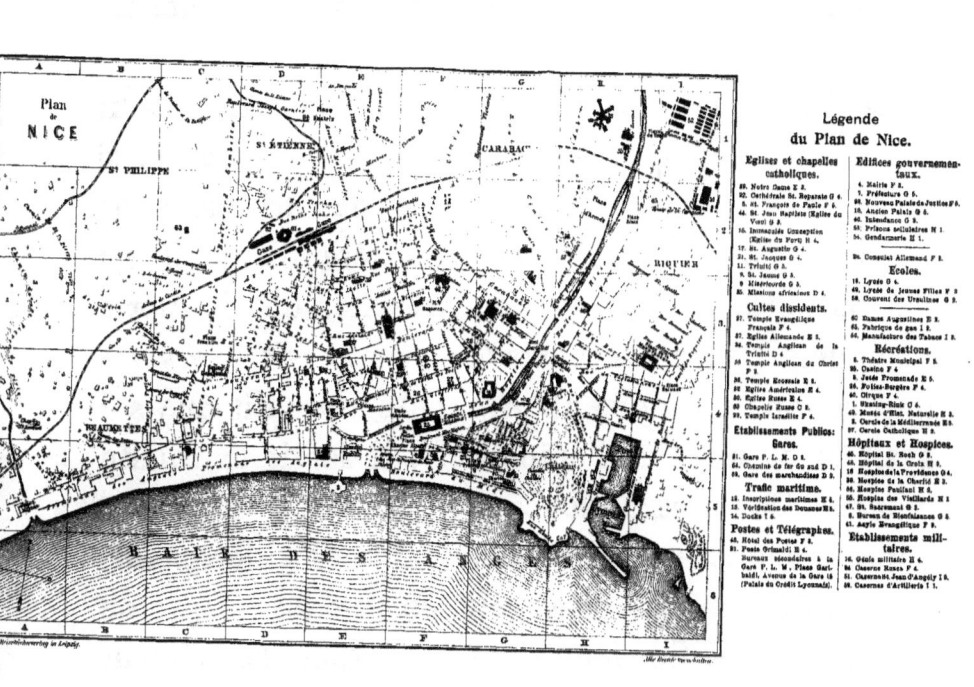

CHAPITRE III

Les Niçois. — Mœurs. — Coutumes. — Idiome

Le Niçois est bien l'habitant que l'on rêve pour cette terre indolente et heureuse, où la vie est si facile et qui ne connaît aucune des tristesses de l'hiver et des frimas. Son caractère distinctif est l'insouciance et une grande vivacité, qui le porte quelquefois vers l'inconstance, par le fait des vives impressions du moment. Alphonse Karr dit que s'il avait la patience et l'opiniâtreté, il serait le roi du monde. De mœurs douces, il est d'une excessive impressionnabilité et très susceptible de colère, mais d'une colère rapide, passagère, comme les nuages de sa belle patrie. Souvent, dans le bas-peuple, éclatent une bordée d'injures, de vives interjections qu'accentue une mimique échevelée; on croirait à une querelle imminente ! Il n'en est rien : les adversaires s'en vont, chacun de son côté, après avoir ainsi calmé la pétulance trop exubérante de leur tempérament et incapables de garder le souvenir, encore moins le ressentiment d'une offense ou d'une rancune. C'est de la robuste constitution de Provence que naît et s'épanouit cet état nerveux, cet esprit prompt qu'enfantent de vives passions capables de paroxysme, mais incapables de prolongation. Le Niçois a d'aimables qualités et d'amusants défauts; à peine peut-on lui reprocher de ne pas acheter chez le charcutier le collier de son chien, car il a toujours sur lui la monnaie du rire et de la belle humeur qu'il dépense largement. Il devient vieux, et, tandis qu'en France, on ne compte, en général, qu'un vieillard de 80 à 90 ans sur 480 habitants, dans la Ligurie, d'après Bertoletti, on en découvre cinq sur mille. Les femmes sont vives et gracieuses; d'après Mme Rattazzi, elles sont jolies, leur tête est presque sans défaut, elles ont des yeux bleus expressifs, d'abondants cheveux noirs, des traits fins et délicats, des dents blanches et bien rangées. Ce sont les jolies déesses de cet Olympe bleu et, quand elles s'envolent dans un sourire, avec leur parfum de belles fleurs saines, elles ont la grâce voluptueuse et la cadence des hanches des races d'Orient.

Les Niçois aiment à rire et à s'amuser; ils raffolent des *festins*, promenades agrémentées de lunchs, qui ont lieu dans chaque quartier, à l'occasion de la fête de son saint et de son patron; les principaux sont Cimiez, St-Roch, St-Pons, St-Etienne, St-Barthélemy, St-Pierre d'Arène, St-André et Ste-Marguerite et ils ont lieu pendant le Carême, après le Carnaval.

L'un d'eux, celui de Cimiez, appelé le **Festin des Reproches**, qui tombe le premier dimanche de Carême, est destiné à expier les folies carnavalesques. Ces festins correspondent aux roumérages de Provence, aux vogues de Savoie, aux fênétras de Toulouse et aux kermesses belges. Ils sont l'une des nombreuses occasions de déguster les merveilles un peu spéciales de la cuisine du Midi, dont les estomacs septentrionaux ne peuvent avoir qu'une faible idée. Les principaux plats dus à cette science culinaire, qui tient une grande place sur le littoral, sont la blea, faite avec la poirée ou blette à carde; les raioli, petits carrés de pâtes, contenant du blanc de volaille, du gibier, hâchés très fin, de la cervelle, des œufs, du fromage et fortement épicés; le tians, hâchis de fèves, d'artichauts, de petits pois, de poirée, mélangé avec des œufs et du fromage; la pissaladiera, purée d'oignons assaisonnée d'huile, d'anchois et d'olives et étendue sur de la pâte ou du pain; la tourta-cauda, ou purée d'herbes entre deux pâtes; la socca, bouillie de farine de pois chiches arrosée d'huile et cuite au four; la trocia, omelette de poirée hâchée, cuite à l'huile, avec assaisonnement de fromage; la légendaire bouillabaisse; le capoun, chou farci avec du riz et du porc; la poutina, frai de poisson et la nouna, sorte de soupe de petits poissons d'un goût délicat; le cantareû, escargot brun, qui se déguste sauté au beurre et le panbagnaté ou sandwich aux anchois et aux olives, arrosé d'huile vierge. Tous ces mets sont rehaussés par les délicieux vins de Braquet, de Bellet et d'Aspremont, aux reflets de topaze, qui coulent dans les veines une ivresse passagère, ou par le vin de framboise, imprégné d'un parfum exquis et qui laisse aux lèvres une fraîcheur de fruit.

L'égalité à outrance du siècle fait, peu à peu, disparaître les exquises coiffures et les pittoresques costumes nationaux, et ce n'est guère que parmi les mar-

Bouquetière niçoise

chandes de fleurs et de légumes du Marché, que l'on peut retrouver des traces de ces joliesses envolées. Ainsi là, on voit le caïreu des paysannes de Sainte-Hélène, coquette parure en dentelles qui entoure le visage d'un cadre tuyauté; la crespina, espèce de filet de soie ou la scouffia ou escaffion des dames des Halles, grosse rosette de rubans éclatants, avec des pompons de soie qui retombent sur le cou, ou la capelina, chapeau de paille, à larges bords, rehaussé d'un fond conique, dont M. Brun attribue l'origine au pétase grec que l'on remarque dans les bas-reliefs du Parthénon, ou encore la toursada, large ruban de velours noir qui, enroulé avec les cheveux, forme, au-dessus du front, un élégant diadème. Çà et là, en lutte contre les confections banales, les jupons courts, avec des plastrons aux couleurs éclatantes, rehaussés de fichus de soie, nuancés comme des arcs-en-ciel. Les hommes sont, presque tous, hélas, enrégimentés sous la triste livrée moderne; à peine quelques pêcheurs ont-ils conservé le bonnet de laine, souvenir des marins grecs, leurs ancêtres, et l'épaisse ceinture rouge ou bleue.

Les Niçois parlent une langue, ou plutôt un idiome cadencé, harmonieux, impétueux comme eux et que Pétrarque appelait la langue du plaisir; cet idiome a conservé, plus que tout autre, les traditions directes du latin; il a des formes particulières, des locutions à lui, de gracieuses onomatopées; ainsi, il dit : une calinière, pour une femme amoureuse. C'est le langage de la joie, des passions, et surtout de l'apostrophe et de l'ironie. Quand les Niçois veulent se dire quelque chose de drôle ou exprimer un sentiment exubérant, ils *nissardent*, et c'est plaisir que d'entendre cette musique, que l'on ne comprend pas, mais qui a un charme tout physique, un rythme verveux qu'accompagne la mimique des regards et des gestes.

L'origine de ce gracieux dialecte a été souvent et longuement controversée ; beaucoup d'écrivains le prétendent issu des langues des nombreux peuples qui ont envahi les Alpes Maritimes et en font un composé de grec, de latin, de celtique, de franc, de provençal, d'arabe, de portugais, d'italien et d'espagnol, et le fait est qu'on y retrouve des mots de toutes ces langues ; en voici quelques exemples :

Nissard	Celtique	Français
Aglaià	Aglaia	Crier
Aiga	Aigar	Eau
Caulè	Caul	Chou
Drut	Drut	Bien fumé
Fanga	Fauga	Boue
Flac	Flac	Mol
Glas	Glas	Deuil
If	If	Vert
Menut	Menut	Très petit

Nissard	Grec	Français
Barri	Baris	Muraille
Beluga	Balleka	Etincelle
Broumeç	Bromes	Amorce
Bugada	Bouchada	Lessive
Canestre	Canastron	Corbeille
Doùrca	Dorca	Vase

Nissard	Greo	Français
Gauta	Gauthos	Joue
Calen	Kale	Lampe
Magagna	Maganon	Ruse
Tourton	Ortou	Pain
Strassinà	Stracinar	Se fatiguer
Tarabustà	Tarabras	Importuner

Nissard	Franc et langage des Barbares	Français
Flasco	Flasche	Flacon
Arnesc	Harnisch	Harnais
Matto	Mal	Fou
Mùsclè	Muschal	Moule
Nèciola	Nachoule	Chouette
Nebla	Nebel	Brouillard
Raissada	Reis	Averse
Ranso	Ransig	Rance
Tasca	Tasche	Poche

Dans sa *Grammaire des Langues romanes,* le célèbre linguiste allemand Diez affirme que la langue italienne s'arrête à Vintimille, et qu'à partir de là, les dialectes parlés sont du provençal. Le savant italien, Adrien Balbi, est de la même opinion, et, de fait, entre le nissard et le provençal, il n'y a de différence caractéristique que la simple modification de la lettre finale de certains mots. D'après Steinbrück, le nissard est un composé de grec et de celtique, provenant du mélange des Phocéens-Massiliens avec les Ligures autochtones, auquel les Romains joignirent la langue latine; bientôt les hordes franques et les Sarrasins y ajoutèrent de nouvelles phrases et de nouveaux mots, d'où naquit la langue romane, c'est-à-dire le provençal primitif.

Les historiens Papon et Gioffredo citent une charte de 1075, qui est le prototype de la langue romane, au milieu du XI⁰ siècle. Vers la fin du XIII⁰ siècle, le latin se corrompit, chaque expression conservant, toutefois, une ressemblance avec la langue mère. Puis, les troubadours affinèrent la langue romane, en enrichirent indéfiniment le vocabulaire et en firent le langage de l'amour et de la poésie.

Le nissard est, certainement, une des langues qui s'est maintenue le plus près du latin, en a conservé la mélodie et la douceur et a retenu les formes très typiques et les locutions concises et caractéristiques, qui en constituent le principal charme.

M. A. L. Sardou fait du nissard un dialecte de la langue d'oc, l'une des quatre langues romanes nées de la corruption du latin, et il nous paraît être dans le vrai. Quoiqu'il en soit, l'idiome niçois a sa place dans la linguistique actuelle, son histoire, ses grammaires et ses dictionnaires; citons entr'autres la *Grammaire de l'idiome niçois*, établie par MM. A.-L. Sardou et J.-B. Calvino et le *Dictionnaire niçois, français et italien*, de l'abbé J. Pellegrini.

Il est assez curieux de suivre l'évolution de ce dialecte et les perfectionnements et transformations qui y furent apportés au travers des temps. Ainsi, dès la première moitié du XIII⁰ siècle, on a des cansos ou chants d'amour et des sirventes des troubadours qui vivaient dans le comté de Nice. Sardou nous apprend leurs noms; c'était d'abord Blacas, né des seigneurs d'Eze, suivant les anciens manuscrits : « *Un noble seigneur, riche, généreux, bien fait, qui se plaisait à*

Costumes niçois

faire l'amour et la guerre, à dépenser, qui aimait la magnificence, la gloire, le chant, le plaisir et tout ce qui donne la considération dans le monde ». Il disait à sa dame :

> Le beau temps me plaît
> Et la gaie saison
> Et le chant des oiselets.
> Et si je fusse autant aimé
> Que je suis énamouré,
> Ce serait une grande courtoisie.

Puis venaient Blacasset, fils de Blacas, Bertrand du Puget, noble chatelain de Théniers, Raymond Féraud, auteur de *la Vida de Sant-Honorat*, composition d'environ dix mille vers, qui se réfugia au monastère de Lernis, après avoir jeté au feu tous ses écrits d'amour, Guillaume Boyer, en même temps poète, mathématicien, naturaliste et médecin, et Ludovic Lascaris, de l'illustre famille des Lascaris. Les œuvres de ces doux poètes sont, en quelque sorte, la première manifestation de l'idiome niçois.

En 1492 et 1493, parurent deux livres publiés en langue niçoise; le premier, imprimé à Turin, en caractères gothiques, s'appelle : *Traité de l'art d'arithmétique et aussi de géométrie, dit ou nommé abrégé de l'abaque (table à calculs)*; son auteur est François Pellos. Le second est imprimé à Nice, son auteur est Lucain Bernezzo et son titre : *Traité du Rosaire de l'Immaculée Vierge Marie, suivant les décisions de divers docteurs*. Du XVIe siècle au XIXe siècle, les Niçois parlent toujours leur idiome, mais n'écrivent qu'en italien, qui resta longtemps la langue en vogue.

En 1823, Rancher publie *la Nemaïda*, poème héroï-comique en pur nissard.

En voici assez, croyons-nous, pour donner rang de cité au nissard dans la linguistique moderne et faire mentir le Dr Fodéré, qui disait dans son *Voyage aux Alpes Maritimes*, que « cet idiome était un patois grossier propre au pays et qui n'est ni provençal, ni piémontais ».

CHAPITRE IV

Climat de Nice. — Thérapeuthique. — Les étrangers. — La saison à Nice. — Fêtes et distractions. — Flore. — La Méditerranée. — Marées et Faune.

« A Nice, dit Théodore de Banville, la vie, la santé et la joie se respirent avec la senteur des citronniers, des violettes et des roses ». Adossée aux parois d'un cirque naturel de montagnes, avec une plage qui se développe mollement, Nice est protégée de tous côtés, ainsi que nous l'avons vu, contre les souffles froids et les malencontreux courants d'air, — ennemis nés des bronches délicates et des poumons sensitifs, — par un réseau de collines, qui, se dirigeant parallèlement aux hautes montagnes, s'enchevêtrent, s'emmêlent, se contournent et l'enserrent d'une triple ceinture, sur laquelle s'émoussent les froids aquilons. Ainsi encadrée, Nice a une température essentiellement douce et tempérée, égale à peu de chose près, à celle de Rome et de Florence. Son climat a 8 à 10 degrés de plus que Paris, en hiver, et 5 à 6° de moins en été. Le Dr Odin a compté, sur une moyenne de vingt années, de 10° à 12° en hiver; de 14° à 16° au printemps; 23° en été et 16° en automne. D'après de constantes observations, le nombre des beaux jours est, environ, de 220, contre 80 journées nuageuses et 66 pluvieuses; la saison d'hiver, à elle seule, présente la réconfortante moyenne d'une joyeuse centaine de beaux jours, contre une quarantaine de jours pluvieux et autant de nuageux; en vingt ans, il n'a pas neigé trente fois, et les brouillards, d'une rareté salutaire, ne peuvent traîner, dans cette vallée ensoleillée, les pans humides de leur robe blafarde. Même régularité du baromètre, qui indique que les changements brusques de température sont peu à redouter; ses élévations extrêmes ne dépassent pas 770^{mm} et ils s'abaissent rarement au-dessous de 735^{mm}, avec une pointe de prédilection à 761^{mm}: quant à l'humidité, le minimum est de 19° et le maximum de 80°.

La douceur de la température et les incontestables preuves de la constance météorologique ne sont pas les seuls agents d'une thérapeutique efficace, car le Dr Rouget constate l'extrême tonicité et les effets stimulants du climat, assurés par les éléments suivants : forte pression de l'air, apanage de tous les pays maritimes, qui concentre l'activité vitale dans les organismes intérieurs et imprime une plus grande énergie à leurs fonctions; dose plus considérable d'oxygène arrivant aux poumons et augmentant, par cela même, l'activité des échanges organiques; présence des éléments salins projetés sans cesse dans l'atmosphère par le brisement des vagues, stimulant ainsi l'action des voies digestives; absence d'humidité, qui permet un fonctionnement plus actif de la respiration cutanée et de l'exhalation pulmonaire, enfin, possibilité de l'exercice musculaire, que le beau temps favorise. D'après le Dr Salemi, la principale raison de la tonicité excitante de l'air à Nice provient de la présence de l'électricité dans l'atmosphère, pendant la saison hivernale; cette électricité, suivant le praticien, serait produite, en grande partie, par le frottement des vents du nord sur les surfaces arides des hautes montagnes, phénomène semblable à celui que l'on remarque, dans les pays chauds, au moment du passage du hamsin sur les sables du désert, et l'augmentation de la tension électrique de ce vent serait due à son contact avec l'air marin tenant en suspension du chlorure de sodium.

L'ozone, qui n'est autre que de l'oxygène électrisé, est également abondant à Nice, dans la proportion de 6,5 et contribue à la purification de l'air; par sa propriété, l'ozone se combine, en outre, avec les oxydes et les substances miasmatiques et les fait disparaître.

Une autre cause, généralement méconnue, de précieuse thérapeutique et d'un constant agrément, est le système de vents, régi par la configuration spéciale de la contrée. Outre les quatre vents classiques, celui de l'ouest, du nord-ouest, du nord-nord-est et du nord-nord-ouest, que les Niçois, dans leur langage expressif, appellent le *pounent*, le *maïstrou*, le *grek-*

tramontane et le *maïstrou-tramontane*, qui arrivent affaiblis et dilués par les obstacles naturels, le bassin de Nice est soumis à des courants réguliers et périodiques, sortes de brises alisées produites par le déplacement des couches d'air à température inégale.

Le Dr Lubanski en donne, dans son *Nice-Guide*, la très vraisemblable explication suivante. Le matin, lorsque les premiers rayons du soleil, frappant sur le versant oriental des collines, commencent à échauffer l'atmosphère, les couches chaudes se dilatant et s'élevant, attirent les couches plus fraîches, qui se précipitent vers les collines, dans la direction du sud-est; vers le milieu du jour, le même phénomène a lieu, par les mêmes causes, dans la direction du sud au nord, parce que c'est le versant sud des montagnes que le soleil échauffe; seulement, à ce moment du jour, la différence entre l'atmosphère de la mer et celle du continent n'étant plus aussi sensible, ce courant est très faible, parfois à peine perceptible; enfin, vers le déclin du jour, c'est le courant du sud-ouest qui prédomine, par le fait de l'échauffement plus fort des couches du versant occidental. Une fois le soleil couché, la mer se refroidissant beaucoup plus lentement que la terre, le courant vient de celle-ci et dure jusqu'à ce que l'équilibre entre le degré de calorique des deux surfaces se trouve rétabli. C'est à ces mouvements réguliers de l'air qui, d'ordinaire, n'ont pas assez de force pour être incommodants, que Nice doit la fraîcheur relative de ses étés et sa salubrité incontestable; ce sont, en quelque sorte, de vrais balais

Sa Majesté Carnaval XXVI à Nice

atmosphériques, qui nettoyent l'air, le renouvellent, le purifient et lui donnent, en le débarrassant de toute immondice céleste, la transparence merveilleuse et l'azur ruisselant de splendeur, dont toute la côte est imprégnée.

L'action des vents généraux du nord, dont nous avons déjà parlé, est peu sensible, parce que la ceinture crénelée des montagnes qui environnent Nice, en brise, dans sa course, le fluide atmosphérique et le divise en deux courants, dont l'un, influencé par l'attraction de la terre, après avoir passé par le crible des coteaux et des vallées, y dépose son humidité, arrive dans le bassin comme un zéphyr murmurant, et l'autre, plus puissant, passe au-dessus de Nice, sous un angle aigu, va frapper au large la surface de la mer, qu'il ride de vagues subites et, prenant les flots bleus comme un tremplin, porte sa furie puissante jusque sur les côtes d'Afrique.

A peine a-t-on à redouter l'haleine fougueuse du *mistral*, variété du vent du nord-ouest, qui souvent s'enveloppe d'épais tourbillons de poussière et a été flagellé dans un dicton populaire :

> Mistral, Parlement et Durance,
> Sont les trois fléaux de Provence.

Avec tous les éléments dont nous venons de passer rapidement en revue les principaux avantages, il faut reconnaître que le climat de Nice doit avoir sur les malades une influence autant morale que physique, d'une indiscutable activité et renfermer les principes essentiels de la nature médicatrice, en lutte constante, d'après les lois de réparation, au-dessus de tous les codex, contre les désordres corporels produits par les impressions morbides, que nous appelons maladies. Cet admirable climat convient généralement aux lymphatiques, scrofuleux, cachectiques, anémiques, convalescents, à tous les tempéraments débilités, et entrave, surtout à son début, les terribles ravages de la phtisie pulmonaire, car la plupart des pathologistes sont d'accord pour déclarer que la formation du tubercule dépend, sans compter l'hérédité, de l'action de plusieurs circonstances anti-hygiéniques dont les plus importantes découlent des états spéciaux de l'atmosphère et particulièrement l'humidité.

La saison médicale de Nice commence en novembre et finit en avril ; la moyenne thermique des six mois est la suivante : Novembre 11°96, décembre 9°, janvier 8°38, février 9°13, mars 11°8, avril 14°29, ce qui donne une moyenne de 10°69. Les mois d'avril et de mai sont les mois les plus venteux ; novembre et février les moins venteux.

Malgré les avantages généraux de tout séjour à Nice, il convient que le médecin apporte un grand soin dans le choix du quartier qu'il recommandera à son malade, ceci à cause des variations que renferme le cadre climatérique, depuis l'air marin, tonique et excitant jusqu'à l'air humide, calmant et vivifiant.

Le Dr Salemi établit quatre subdivisions climatériques bien distinctes, qui nous paraissent des plus rationnelles et il divise le bassin de Nice en quatre zones régulières.

La première comprend le Quai du Midi, la Promenade des Anglais, les Ponchettes, le Port, le Boulevard de l'Impératrice, où l'air marin est sec, excitant, tonique et convient aux tuberculeux à forme torpide, aux constitutions scrofuleuses et lymphatiques, aux enfants chétifs, aux vieillards, aux malades affaiblis, aux chloro-anémiques et aux névropathes asthéniques.

La seconde zone embrasse le Mont-Boron, Cimiez, St-Philippe, Carabacel, St-Barthélemy, avec un air sec et tonique, moins excitant que dans la première et utile aux tuberculoses suraiguës, aux hémoptysies, aux affections catarrhales, aux diabètes, à la vieillesse et à la convalescence.

La troisième zone s'étend à la Fontaine de Mouraille, Vallon des Fleurs, le Ray, St-Sylvestre, plaine de Riquier ; son air, chargé d'humidité, calmant et sédatif, s'applique merveilleusement à toutes les maladies inflammatoires, affections des voies respiratoires, de l'appareil genito-urinaire, maladies intestinales, gastrites, maladies de la peau et maladies nerveuses.

Enfin, la quatrième zone a un air mixte, tenant de l'action de la première et de la seconde, suivant l'orientation des quartiers, des boulevards et des avenues que renferme la ville et leur plus ou moins grande exposition aux brises salines ; elle est indiquée aux malades à tempérament mixte, où ne prédomine pas l'élément nerveux, aux hypocondriaques, dont l'état réclame beaucoup de distractions.

En outre de cette classification topographique de la thérapeuthique de la Côte d'azur, il importe de considérer les variations thermiques, bien distinctes, de la journée et qui s'établissent ainsi : Abaissement avant le petit jour, élévation accentuée de 11 heures à 3 heures, dépression de 4 à 7 heures du soir et légère augmentation de 8 heures à minuit passé.

Voilà pour le physique; au moral la splendeur de la lumière, la pureté du ciel, la vivacité des paysages, le grand spectacle délassant de la mer, les merveilles d'une végétation de conte de fée, toute la joie et l'éternelle jeunesse dont est imprégnée cette radieuse nature, contiennent, dans leur ensemble, le principe de toute guérison et le remède insensible de toute lésion du corps et de l'esprit.

Les bienfaits du littoral méditerranéen ont été connus et appréciés des anciens. L'an 33 après Jésus-Christ, Cornélie Salonine, femme de l'empereur Gallien, passe une saison d'hiver à Nice; Néron y envoya la célèbre Poppée, pour rétablir sa santé compromise par les excès et les fastes de la vie romaine. Pendant le moyen âge, Nice fut plus une ville forte qu'une station climatérique; mais, en 1764, le duc d'York et le prince de Brunswick vinrent y résider; en 1770, c'est le duc de Glocester; en 1775, l'écrivain allemand Sulzer; en 1778, l'auteur anglais Smolet, qui écrivit plusieurs diatribes contre Nice et ses habitants; il est vrai que, la même année, Delille vint sur les rives de la Baie des Anges, en compagnie de Mme de Trudaine et chanta les beautés du pays, dans son poème des *Jardins*.

En 1779, la princesse de Lamballe vint réchauffer au soleil du Midi sa délicate beauté; puis, en 1786, la duchesse de Bourbon-Condé.

En 1787, 85 familles étrangères passèrent l'hiver à Nice; en 1859, il y en avait 946; en 1860, 1004, et en 1874, 2547.

Actuellement, on compte que près de 200,000 étrangers viennent puiser l'illusion du printemps éternel dans cette ville de soleil et de fleurs, où a voulu mourir Paganini.

Commerce. — Fêtes. — Le Carnaval. — Bien que ville commerçante et industrielle, envoyant dans le monde entier ses huiles, sa marquetterie en bois d'olivier, ses fruits confits et ses fleurs, Nice est essentiellement une ville de plaisir, où le monde entier vient faire sa provision de soleil, de joie et d'amour.

Parmi les nombreuses fêtes par lesquelles le peuple niçois atteste sa verveuse fantaisie, le **Carnaval** est, incontestablement, la plus connue et la plus éblouissante. Et dans Nice, la ville d'or, d'azur et de roses, la tourmente de plaisir se déchaîne pendant deux semaines, faisant trêve aux politiquailleries, aux affaires et aux soucis et couvrant le bruit de la vie du tintement des grelots de ses folies et des rires perlés, nés des frissons des flirts. De par l'usage, dans ce salon de l'univers, où les mondains de toutes races promènent leur ennui brillant, naît soudain l'oubli de tout spleen, orgueilleusement aristocratique, de toute retenue bien portée, et, dans la farandole des fêtes joyeuses, chacun s'engage avec on ne sait dans l'âme quel rajeunissement brutal et irrésistible, folies aux lèvres et flammes au cœur. Carnaval, toi dont le nom sonne comme une fanfare et étourdit comme une valse, d'où viens-tu et que fais-tu, avec ta robe relevée sur ta jambe cambrée, dans notre siècle fripé et administratif? Enfant des Bacchanales échevelées et des libertaires Saturnales, tu as passé au travers des siècles, survivant aux vaudevilles et aux drames de l'histoire, toujours là, quand s'effondraient les empires et les religions et faisant éclore, au milieu des époques les plus noires, les roses de ta tumultueuse et éternelle jeunesse.

Le **Carnaval** de Nice existe depuis un temps immémorial: Au moyen âge, même au sein des circonstances les plus tragiques, il n'a pu calmer sa joie cascadeuse et frivole. En 1578, le duc Emmanuel Philibert vint passer à Nice les fêtes du Carnaval avec son fils, le prince de Piémont. A cette occasion Honoré Grimaldi, seigneur de Monaco, désirant présenter ses deux fils au jeune prince, les envoya auprès de lui pour ces fêtes, qui, dit Toselli, furent portées, cette année, par la population niçoise, à un degré tel qu'il serait difficile d'en donner une description. En 1821, la cour de Sardaigne se rendit à Nice au commencement de la saison et ne put retourner à Turin, à cause du mauvais état des routes couvertes de neige et défoncées en maints endroits. Le roi dut rester avec toute sa suite de seigneurs et, pour le distraire, les Niçois eurent l'idée d'organiser un Corso de gala, qui fut le prologue des fêtes actuelles. Une trentaine de voitures figurèrent à la fête qui fut

Char des oiseaux, primé au Carnaval de 1898

limitée, dit Ch. Limouzin, entre la Poissonnerie et l'endroit où se trouve maintenant la Halle du Cours. Les projectiles se composaient uniquement de fleurs et de petits sacs de bonbons véritables, nommés *coriandoli*, auxquels on mêla plus tard des oranges et des cigares. Chaque année, les fêtes recommencèrent, à la même époque, avec le même brio endiablé et, peu à peu, prirent une plus grande extension. En 1848, la révolution française et la guerre engagée avec l'Autriche mirent une fatale sourdine à la retentissante allégresse de ces solennités bruyantes, pour lesquelles se passionnait tout un peuple. Pendant quelques années, Messire Carnaval ne fut qu'un pâle reflet des splendeurs initiales et ne put s'esbaudir qu'entouré des précautions soupçonneuses de la police, qui forçait chaque habitant à exhiber son masque et à demander une autorisation, immédiatement refusée si l'on n'était pas bien noté. Le nombre des voitures diminua ainsi que leur luxe d'ornementation; les armes carnavalesques perdirent de leur galanterie première, et l'on abandonna les bonbons pour avoir recours à des imitations, dont les principales furent des pois chiches recouverts d'une couche de sucre et passés en couleur, puis les pois chiches furent pastichés, à leur tour, et l'on lança des confetti, des faguioli, des ciceri, des boulettes en pâte cassante, de diverses teintes et l'on alla jusqu'à se bombarder avec des œufs vidés et remplis de poussière noire, rouge ou bleue. En 1856, les fêtes furent particulièrement réussies, grâce à la présence de l'Impératrice douairière de Russie, mère du Czar Alexandre II. La guerre de 1870 influa considérablement sur le **Carnaval**, qui pendant deux ou trois ans, ne donna que de faibles signes de vie. En 1873, M. Saétone, ancien conseiller de préfecture, se met à la tête d'un groupe d'amis et prend l'initiative, chaleureusement accueillie, d'une réorganisation générale des fêtes carnavalesques. Avec l'appui de la colonie étrangère, un comité fut vite formé, l'argent nécessaire aux prix, qui ne consistèrent, cette année, qu'en bouteilles de champagne, afflua de toutes parts et l'organisation des chars, groupes, et mascarades fut poussée avec frénésie. Le Carnaval fut éblouissant et l'on parle encore des grands chars, le *Soleil de Nice* la *Marmite du Diable* et des quatre cavalcades, les *Carabiniers*, les *Brigands*, les *Mousquetaires* et les *Templiers*, que formèrent les membres du Comité. L'année suivante, les prix en argent furent institués ; les plus élevés étaient de fr. 1000 à 1500, tandis qu'il sont actuellement de fr. 5000 à 6000. Jusqu'en 1889, époque de la formation du Comité actuel des fêtes, M. Staéone dirigea les fêtes du Carnaval avec le Comité, dans lequel figurèrent, successivement, le comte d'Aspremont, le duc de Castries, le vicomte Vigier et le comte de Cessoles. Il y eut, à cette époque, de forts beaux chars, et les annales carnavalesques conservent le souvenir de ceux de la *Paix*, des *Chauves-Souris*, du *Chou*, de la *Cuisine renversée*, du *Rizotto*, des *Marionnettes*, de la *Grenade*, de la *Corbeille* et des *Grenouilles*.

Le signal des fêtes, qui ont eu lieu pendant les huit jours qui précèdent le Carême, est donné par l'entrée triomphale à Nice du **bonhomme Carnaval**, décoré du titre de Majesté, accompagné de toute sa suite, et que l'on installe pompeusement dans son palais de la place Masséna. Voici quels sont les derniers avatars subis par cette Majesté qui jouit de règnes courts, mais sans opposition, parlementaire ou autre. En 1882, elle arriva en Jockey, en 1883, en Paysan en goguette, en 1884, en Guignol monté sur un chimère, en 1885, en Polichinelle sur une bouteille de champagne, en 1889, en Matelot sur un navire, en 1890, en Jockey sur un tricycle, en 1891, en Bacchus sur un tonneau, en 1892, en Rajah sur un éléphant, en 1893, en Paysan niçois accompagné de sa femme, en 1894, en Triboulet sur une grosse caisse, en 1895, en Chinois, en 1896, en Toréador et en 1897, en Paysan sur un dindon.

Sitôt Sa Majesté installée, commencent les défilés de tous les chars et mascarades, le grand **Corso de gala**, les **Vegliones, Redoutes, Kermesses, Batailles de Fleurs et de Confettis**. L'Avenue de la Gare flamboie, étincelle, fulgure, d'un bout à l'autre, d'un incendie de feux, ballons, quinquets et lampions, à rendre aveugle l'innombrable foule qui s'entasse de tous côtés. Et quelle bonne foule, hilarante, secouée de spasmes de plaisir, éclatant en pétarades, sotties et lazzis, bruissante, enragée de régalades, prête à tout, sauf à ne pas s'amuser. Des fanfares éclatent, de tous côtés dans la masse sautante des masques dansants; le tumulte et la joie sont à leur comble; les confettis et les serpentins s'éparpillent et s'enroulent de toutes parts, tandis qu'en les deux journées spéciales, les confettis de plâtre rebondissent comme la grêle, durs et crépitants, lancés par les petites pelles à manche flexible et leur mitraille offensive force chacun d'être masqué aussi hermétiquement que possible, au risque de se faire aveugler. La bataille, annoncée par des coups de canon et circonscrite à certains quartiers s'engage, furieuse et endiablée. Chaque maison est une citadelle, et chaque balcon a ses combattants et son artillerie. Dans les cafés, sous les arcades, sur les terrasses, on se bat, on s'intrigue, on flirte ; partout de jolis masques, le long du défilé ronflant des chars monumentaux et des groupes joyeux, s'en vont, à pas de loup, lutiner de gros messieurs, dont les bocks sont prudemment recouverts et qui sont furieux de ne pouvoir se fâcher et, sous le loup de satin ou de velours, le rire des belles filles, éclate comme un feu d'artifice de chair. pendant que les arbres secouent dans l'air leurs tremblantes chevelures de serpentins. Et partout c'est une joie qui roule, frissonne, et s'épand; tout ce peuple a soif de plaisir et se désaltère, sans arrière-pensée, de tout cœur et de tout gosier, à la coupe de frénésie ; il y a des milliers de personnes, massées sur l'Avenue, quarante, soixante, cent mille, dans le décor flambant et dont le seul but, le seul souci, est de rire, de crier et de lancer des confettis en plâtre ou en papier. Les confettis, neige rose de cette tempête de folie, pétales effeuillés de cette fleur de joie, qui font de si jolies mouches multicolores sur les fourrures et les voilettes et rendant si exquis les doux minois où le rire s'épanouit et les gestes si timidement effrontés. Certes, le confetti et un engin stupide, mais quand il devient l'instrument de plaisir d'une multitude en liesse, il atteint une grandeur épique, prend des proportions démesurées, devient lui-même une joie, un enthousiasme; ce n'est plus un rond de papier, mais un phénomène, une manifestation; et puis, il est le trait d'union entre l'un et l'autre sexe, l'anneau volant de la chaîne fleurie qui va nouer ses intrigues éphémères, filles de la fantaisie et du hasard; une poignée de confettis, c'est un baiser donné avec la main, l'affirmation spontanée d'une préférence qui se révèle et s'éparpille; c'est rose et charmant, c'est léger, cela s'envole, c'est pervers et innocent, enfantin et parfois cruel.

Les **Batailles de Fleurs** sont la note la plus exquise, la distraction la plus artistique du Carnaval. Ce sont des fêtes délicieuses, nées sur cette côte d'or et de roses, enfantées par le soleil et qui s'épanouissent dans leur cadre naturel, comme un enfant blond qui sourit en un clair matin de printemps. Sur cette promenade des Anglais, qui est une des merveilles du monde, avec ses hôtels aux frontons éblouissants et la voluptueuse courbe de sa Baie des Anges, les femmes et les fleurs se réunissent dans une confraternité charmante, pour faire naître l'illusion de quelque paradis irréel, d'un pays de songe où la souffrance et la laideur seraient inconnues. Les fleurs sont légion, elles sont partout, enlacées, comme de souples harnais, sur la robe frémissante des chevaux ou revêtant de leurs girandoles parfumées les équipages aux luxueuses fringances, ou encore projectiles embaumés, mitraille d'amour, qui va d'une œillade à l'autre, qui lance des baisers et des sourires. Et les

femmes, elles aussi, mollement balancées dans les
voitures berceuses, sont de grandes fleurs vivantes,
dont les toilettes exquises continuent les gammes
multicolores des jardins; on dirait que les mimosas
sont l'or fauve de leurs cheveux, les violettes, les

Bataille de fleurs sur la promenade des Anglais

petites veines fines de leur peau blanche, les œillets,
les senteurs tièdes de leur chair, les roses, la matité
délicate de leur visage, les lys, la souplesse et l'élégance de leurs tailles et les giroflées, avec leurs
teintes d'or et de ténèbres, leurs paillettes fauves et

leurs bronzes assombris, leurs éclats violents et leurs lueurs de cuivre, sont la flamme des yeux de velours, tout illuminés d'un incendie d'allégresse, qui s'ouvrent radieux sur cette vision réalisée, d'une si subtile splendeur. Sur deux rangs, le long des estrades, les équipages défilent et de chacun d'eux partent les fusillades fleuries. Toutes les formes de voiture revêtent toutes les formes du bouquet ; ce sont, passant dans une nuée aux senteurs capiteuses, des paniers Louis XV, tendus de satin blanc et ornés de rubans et de roses, des breacks revêtus de mimosas et de jonquilles, des victorias enguirlandées de muguets et de violettes, des calèches toutes couvertes de camélias et de pensées, des landaus et des mail-coatch disparaissant sous des dômes fleuris, des charrettes épinglées de tubéreuses et cent nids roulants, décorés de motifs où l'ingéniosité le dispute à la magnificence, pendant que, sur les flancs des chevaux, les caparaçons des fleurs mettent leur caresse de fraicheur. Et sur tout cela, les rires perlés, les gaies clameurs qui s'égrènent de tous côtés, comme un essaim d'oiseaux gris de soleil, au-dessus des mélodies dansantes des musiques de fête. Impossible de rêver apothéose plus passionnante, que le retour et le long défilé des voitures, avec les bannières roses et fanfreluchées, claquant et livrant au vent leurs plis de soie, dans les pourpres du couchant, qui ont l'air, elles aussi, de bannières de gloire éployées aux confins du ciel, cependant que la mer, délicieusement mauve, s'assombrit, peu à peu, sous la coupole de bronze de l'horizon et semble, éperdue, célébrer les rites d'une religion, infinie comme elle.

Le soir, dans tous les établissements de plaisir, les **vegliones**, ou bals masqués, et les **redoutes**, dans lesquelles, généralement, tous les costumes doivent être aux couleurs officielles décrétées par le Comité.

Le jour du **Mardi-Gras**, après le dernier grand Corso et la bataille des confettis, la fête est transportée sur les estrades de la place de la Préfecture, où tout le monde est muni des *moccoletti*, cierges minuscules que l'on doit chercher à éteindre, derniers vestiges des torches orgiaques des fêtes païennes de Dyonysios. Puis Sa Majesté Carnaval subit, en effigie, le sort de Sardanapale, s'effondre dans un bûcher autour duquel les masques forment une ronde effrénée et sa flambante agonie s'agrémente d'un superbe feu d'artifice et d'un cortège aux flambeaux qu'accompagnent toutes les musiques.

Et ainsi finit cette éblouissante période voluptueuse pendant laquelle, comme dit Théophile Gautier :

> De paillettes tout étoilé
> Scintille, fourmille et babille
> Le Carnaval bariolé.

Le Carnaval est mort, mais il y a d'autres fêtes, et entre le souvenir d'une réjouissance et l'espoir d'une autre, les jours s'envolent, devant la mer bleue, dans la caresse endormeuse du soleil qui conseille l'oubli. Ce sont, à la **Mi-Carême**, les gracieuses **Fêtes du Printemps**, qui consistent généralement en batailles de fleurs, corso blanc et en fêtes enfantines; puis les **Courses,** très renommées, organisées, les courses au trot, dès 1895, sous l'initiative du prince Galitzine et du duc de Leuchtenberg, et les autres par la Société des Courses, dont le président est celui du Cercle

Bataille de confettis niçois

Masséna, et qui est subventionnée par le Cercle des Etrangers de Monte-Carlo, la ville de Nice, le Comité des Fêtes et la Compagnie P.-L.-M. Elles sont suivies assidûment par les sportsmen du monde entier et ont lieu sur l'**Hippodrome du Var,** un des plus beaux qui existe, dans une incomparable position et dont la piste a 1800 mètres. La saison est terminée par les **Régates**, également fort courues et organisées par le Club Nautique et le Club de la Voile.

Géologie. — Quoiqu'il soit cruel d'employer des noms scientifiquement barbares pour la description de ce joli pays, nous nous voyons forcé de faire une petite digression en faveur de la composition géologique du plateau niçois, très curieuse d'ailleurs et qui servira de préface à une courte énumération de la *flore* éblouissante de la Côte d'Azur.

La plaine de Nice est une conquête des alluvions du Paillon, dit le Dr de Valcourt, dans sa *Climatologie des Stations hivernales du Midi de la France*; il a fallu plusieurs siècles pour la former; ces alluvions sont composées de parties argileuses et calcaires, de limon, de sables et de détritus des montagnes voisines, qui forment une couche de trois mètres d'épaisseur environ, qui est poreuse et absorbe facilement les eaux. Les montagnes voisines de la ville ne possèdent aucune trace de terrain primitif et sont formées par différentes couches de terrains secondaires et tertiaires. Leurs principaux éléments géologiques sont des calcaires carboné, carbonaté jaunâtre, blanc sale et fauve, une espèce de marbre gris-clair, avec l'apparence bréché, de la chaux carbonatée, de l'argile marneuse, le calcaire jurassique dolomitique, composé de carbonate de chaux et de magnésie et des brèches osseuses, mélange d'ossements fossiles solidement cimentés par un gravier ferrugineux, avec des coquilles lacustres et terrestres, des madréporites et des coquilles marines. Ces débris organiques, renfermés plus particulièrement dans les grès verts et jaunes, dans les argiles et les marnes jaunes ou bleues, se rencontrent vers St-Jeannet, Vence, Tourrettes-de-Vence, vers Eze et la Turbie, dans les gorges de St-André et du côté de Drap et de l'Escarène.

Flore. — Sur le terrain que nous venons de décrire, enfantée par l'azur tiédissant du ciel et les baisers de flamme du soleil, s'épanouit une flore radieuse, qui réunit les plus belles espèces des pays tropicaux et celles des contrées septentrionales et dont la magnificence échappe à toute nomenclature. D'après Alphonse Karr, les citronniers fleurissent et fructifient sous les oliviers, les figuiers, les jasmins s'épanouissent et le blé jaunit sous les citronniers, tandis que les légumes mûrissent à l'ombre des treilles. Tout le pays est un jardin suspendu au-dessus de la Méditerranée et, au printemps, une si subtile odeur, envolée des côtes, plane sur la mer, qu'en passant au large les voyageurs croient être en vue de quelque chimérique Eden.

Pénétrons dans cette vaste serre ouverte, dont le vitrage est un azur immaculé, que les roses décorent de leurs galants entrelacs et qui a pour colonnes les acanthes élégants des palmiers.

On compte près d'un million de pieds d'oliviers sur le territoire de l'ancien comté de Nice ; l'arbre antique, originaire d'Ethiopie, que la Bible fait remonter au déluge et qui fut apporté, vers l'an 1550 avant J.-C. de Saïs, par Cecrops, et de Grèce en Provence par les Phéniciens, est cultivé à Nice, sous quelques-unes de ses 2 ou 300 espèces, dont les principales, d'après Négrin, sont le *punchineri*, le *pignole*, le *spagnoù*, le *columbana* et surtout le *noustral*. Les blondes et pâles feuillées de cet arbre mélancolique, qu'une impitoyable maladie ravage depuis plusieurs années, donnent à la campagne de Nice, ses délicieuses teintes que l'horizon adoucit en une palette de gammes exquisement atténuées. D'après M. Rizzo *(Histoire des Orangers)*, ces arbres fameux comptent 180 variétés ou sous-espèces, ainsi réparties : 44 limoniers ou citronniers, 43 orangers proprement dits, 31 bigaradiers, 31 cédratiers, 12 lumies, 8 limetiers, 6 pamplemousses et 5 bergamotiers. A Nice, toutes ces familles du fruit d'or et particulièrement l'oranger du Portugal croissent avec une superbe vigueur et prodiguent le double charme de leurs parfums, à la fois virginaux et voluptueux, et des couleurs éclatantes de leurs fruits de cuivre ou de pourpre.

Partout les yeux sont caressés ou étonnés par les prodiges ou les bizarreries d'une végétation qui pousse parfois la vigueur et la beauté à leur paroxysme. Ici, ce sont les retombées lentes des figuiers, les convulsions désespérées des caroubiers, les fruits vermeils du néflier du Japon, dont les fleurs naissent au début de l'hiver, le feuillage empourpré du grenadier, les baies pulpeuses et fondantes du plaqueminier de Virginie, la sveltesse du roseau du Nil et les dards des bambous. Là, nous entrons dans les forêts de dracenas et de yuccas, aux hampes hautaines, et nous rêvons aux mystères des flores primitives entre les haies de phormiums, de gigantesques aloès, de salmanias, aux lourdes feuilles métalliques, ou de dasylirions fous, pendant que, acérés et comme menaçants, les agaves brandissent leurs glaives aigus. Dans les sources claires ou sur les rivières vertes qui traînent l'émeraude de leurs peluches mourantes dans les gaines sombres des forêts, s'ouvrent, comme des yeux étonnés, la corolle de chair rosée du lotus égyptien, aux feuilles serties de perles, et s'épanouissent les calices d'argent des nymphéas et le sachet parfumé des aponogétons. Les conifères sont une légion : mélèzes, cèdres, thuyas, sapins, abiès, genièvres, ifs, cyprès, araucarias aux poses élégantes, gingkos et podocarpus d'Amérique.

Dans un désordre pittoresque s'entremêlent les zamias, les cycas, les eucalyptus au tronc lisse, qui grandissent de six mètres par saison, les encéphalaretas, qui sont armés d'épines de fer, les gravilleas, dont les épis cuivrés sortent de feuilles bizarrement effilochées, les filaos de l'Inde, les malaluccas, dont le tronc a comme une gaine de soie, les callistémons hérissés, les cactus hydropiques, aux fleurs violentes, les acacias candides et les mimosas aux douces retombées de parfum.

La famille des palmiers dresse vers le ciel la prière avide de ses palmes; là c'est l'Orient, avec la richesse

Jardin des environs de Nice

et la variété de sa flore, phœnix et dattiers, tronc imposant des juboeas, éventails et parasols des rhapis, des lataniers et des sabals, chevelure végétale des chamoerops, grappes juteuses contenues dans la conque des trachy carpus, flancs aux curieuses incrustations des pritchardias et des arecas, élégances orgueilleuses des livistona et des scaforthia. et feu d'artifice éblouissant des cocos géants.

Plus loin, ce sont les bananiers aux lourdes feuilles, les pommes d'or des macturas, les coquets bouquets blancs des bouginvillea et les grappes de corail du faux poivrier, les ramures vivaces des néfliers et des savonniers d'Amérique.

Au bord de la mer, le tamaris du Narbonnais penche, sur le miroir des flots, ses rameaux langoureux, pendant que le chêne vert met sur les rocs l'ombre de sa feuillée métallique, que fleurit le troène d'Italie et que le laurier-rose distille son léger parfum d'amandes, à côté du phytolace de l'Amérique du Sud.

Dans les jardins, c'est une flore plus affinée encore. Autour des vérandas vitrées où s'emprisonne le soleil, en corbeilles, ou sur les terrasses, c'est une orgie de chèvrefeuille, d'héliotropes, d'œillets et de roses, de géraniums éblouissants et géants, de maurandias, de pélargoniums; puis, dans les allées ou en taillis, le lilas de Perse, le jaracanda des Andes, des bruyères florescentes, l'arum d'Ethiopie, le jasmin d'Espagne, aux fines senteurs, le ficus et l'aralia papyrifera, qui, au Nord, humblement confinés dans de modestes pots, prennent, sur cette terre féconde, de formidables proportions. l'impants et coquets, se dressent, avec une incroyable intensité de vie, les catalpas, le chorisia du Brésil, le pittosporum de la Chine, qui fleure comme un bouquet, le wigandia de Caracas, qui abritent toute une armée de gracieux arbustes, au feuillage plus jeune, les cestrums, les fabianas, les habrothamnus, les térébenthes, les lentisques, les sparmannia, les teucriums, les fusains, qui voisinent avec les fougères arborescentes, les cyathea, l'alsophile des forêts australiennes et les pteris, tandis que, sur la terre, tiède et humide, s'étale le royal tapis finement tissé par les anémones, les violettes, les fraesias, les pensées, les jacinthes, qui complètent le charme de cette féerie parfumée.

La Méditerranée. — Marées et Faune. — Tous les poètes ont chanté la Méditerranée, la grande bleue, et il n'est personne qui n'ait été ému du spectacle constamment changeant qu'elle présente. A Nice, elle est, plus qu'autre part, subtile et troublante. Au pied des falaises de rocs rouges ou sur les plages mollement arrondies, où les cailloux, aux reflets de marbre, sonnent d'enfantines fanfares, elle bruit et ruisselle éternellement. Que l'aurore la pâlisse de ses matités divines et l'enveloppe de ses dentelles fragiles, ou que le couchant l'ensanglante de ses bronzes incendiés et fondus, toujours elle chante ou pleure, on ne sait, et s'agite sous les frissons d'une immuable émotion. Plainte ou romance ? Qui put jamais la comprendre ? Nous lui prêtons les enthousiasmes ou les désespoirs de nos cœurs mortels et nous nous disons, parfois, qu'elle accompagne notre allégresse de sa lente mélopée ou qu'elle console notre rancœur, comme une mère aux caressantes sollicitudes. Erreur ou mensonge ! Elle est plus profonde que nos âmes et nous ne pouvons descendre en elle et comprendre ! Et pourtant il nous semble qu'elle a des cris de rage, quand elle monte à l'assaut des roches et qu'elle a des ruées béantes, éternelle mobilité de ses flots devant la sérénité superbe de la grève. Les lames d'opale arrivent en troupeaux qui se hâtent et, toutes ensemble, elles vont contre la falaise, avec des rejaillissements, des écumes, une crispation féroce, des tâtonnements désespérés et puis, c'est le retrait au flanc des roches et des aspérités, mamelles intarissables, le long desquelles l'eau s'écoule, en filets d'argent, en flux de lait bouillonnant. D'autres fois, le flot est une caresse qui s'avance, dans la douceur des brises tièdes, et vient câliner la grève, si tendrement, avec des clapotements, un cliquetis de cristal, qui semble les immortelles strophes d'un hymne de passion, les notes égrenées d'une voix qui supplie et qui prie. Au loin, la ligne douce de l'horizon continue l'irréalité d'un ciel infini, coule et allonge d'invraisemblables azurs, comme si la vague roulait un immortel printemps. Devant cette immensité, nos sens s'émeuvent et ne peuvent savoir ; ils sont comme des enfants qui ouvrent de grands yeux au seuil de la vie et auxquels tout échappe de la raison des choses, que personne ne leur a encore expliquées. Il est doux, à l'ombre de quelque pin, devant cette splendeur si vraie, de rêver aux décevantes inconstances de la vie et de remplir, à en pleurer, son âme battue, elle aussi, par les vagues des réalités, d'une paradisiaque vision d'idéal, subtile et incompréhensible, bleue et immense comme toi, mer frôleuse, prometteuse d'infini !

On a nié longtemps la présence de **marées** dans la Méditerranée et ce phénomène est encore assez généralement ignoré. Le Dr A. Niepce fils, a publié, à ce sujet, une brochure fort intéressante, d'où nous extrayons les lignes suivantes : « Il résulte d'observations régulières faites par le service des Ponts et Chaussées, à Nice, trois fois par jour, que la Méditerranée possède des oscillations périodiques du flux et du reflux ; mais au lieu d'être régulières, ces oscillations sont influencées par un autre élément, qui, plus puissant que celui de l'attraction de la lune et du soleil, tantôt les exagère, tantôt les amoindrit. L'élément qui domine dans le phénomène des marées pour la Méditerranée, comme pour la mer Caspienne, la mer Noire et la Baltique, est la pression atmosphérique, qui influe, d'une manière considérable, sur les marées à Nice et a une action si grande, qu'elle masque les phénomènes de flux et de reflux véritables, tantôt en les contre-balançant, tantôt en les accentuant. On a remarqué que, sur les rivages de la Sicile occidentale et de l'Adriatique, les marées s'élèvent jusqu'à plus d'un mètre; également, elles sont sensibles dans les lagunes de Venise, le golfe de

Gadès et au détroit de Messine. Donc, la marée est la même pour la Méditerranée que pour l'Océan, mais elle est plus faible et moins régulière. Il est reconnu, par les expériences, que la mer monte de février à décembre, mais la courbe qui représente cette marche baisse légèrement de mai à juillet, pour remonter ensuite, jusqu'à son maximum, en décembre. L'amplitude des oscillations est donc, à Nice, de $0^m 30$ en moyenne, ce qui donne, pour unité de hauteur des marées, $0^m 15$, tandis qu'elle est de $0^m 11$ à Toulon et de $0^m 18$ à Naples : cette amplitude peut aller jusqu'à $0^m 60$, rarement 1 mètre. En somme, la courbe représentant la moyenne générale de la hauteur des eaux pendant la journée montre que la mer baisse depuis 7 heures du matin jusqu'à midi, puis remonte jusqu'à 5 heures du soir ; la même courbe descendante et ascendante se produit pendant la nuit, de sorte que, chaque 24 heures, il se produit deux pleines mers et deux basses mers. » Ces expériences ont été faites par M. Niepce, qui est membre de la Commission météorologique, au moyen des instruments placés dans un observatoire installé par ses soins.

Cette mer, qui emprunte aux pierreries leurs teintes les plus variées, est fort poissonneuse. Jules Adenis prétend que, sur 643 espèces connues de **poissons**, elle en contient 444. Voici les noms des principaux de ces habitants des prairies sous-marines, dont la plupart constituent un mets savoureux : la sardine, l'anchois, le thon, le merlan, le rouget, le surmulet, l'empereur, le grondin, la dorade, le loup, le saint-pierre, la limande, la sole, le turbot, le carrelet, les muges, les congres, les murènes, la raie, l'alène, les miraillets, les torpilles, la glorieuse, la pasténaque, la clavelade ou raie bouclée. Parmi les squales : la roussette, le pal, l'émissole, le marteau, l'éguillot ou chien de mer, l'ange, le requin, le céphaloptera-Masséna, le porc marin. Puis le diable de mer, la lune, le cheval-marin trompette, le cheval-marin ordinaire, la bécasse, la myre, la fiatole, le dragoneau, le raspecon, l'aragna, le capellan, le gade, la moustella. Enfin, des labres des rochers, le souvereo, le remore, le pompile, le rason, le roueau, le galineta, le tourdou, la girela, etc.

CHAPITRE V

Promenades au pays niçois

Il est présomptueux d'avoir la prétention de décrire les innombrables dédales du labyrinthe fleuri, qui étend, autour de Nice, ses incomparables merveilles. Nous allons parcourir les principaux sites et les plus jolies promenades de ce lieu de délices, où, quels que soient le soin et la minutie des descriptions, le touriste fera toujours d'idéales découvertes.

Le château de Nice. — Entre le fort Lympia et la ville, se hausse, en une croupe verdoyante, la colline où se dressait jadis le **château de Nice,** qui fut la plus formidable forteresse de la Provence et résume, en de tragiques souvenirs, l'histoire même de Nice. Cinq voies conduisent au château : deux carrossables, la **montée Eberlé,** qui commence **rue Ségurane,** et la **montée de Montfort,** qui prend **place Bellevue,** et trois chemins de piétons : l'**escalier Lesage,** faisant face à la mer et adossé à la Tour Bellanda, à l'extrémité du **boulevard du Midi,** la **rue Neuve** et la **rue**

du **Château**. L'esplanade présente encore d'imposantes ruines, à une hauteur de 96 mètres, à pic et sur une superficie de six hectares environ; ce sont, dans les royales verdures, de gigantesques pans de mur, sur lesquels le lierre et les plantes grimpantes jettent un somptueux manteau mouvant, des arceaux effondrés, d'antiques poternes vermoulues, des ogives que les siècles ont alourdies. Sur la plus haute terrasse, emplacement de l'ancien donjon des princes d'Aragon, les eaux de la Vésubie forment une imposante cascade et éclairent la verdure du ruissellement lumineux de leurs ondes limpides. De là, on a sous les yeux le plus grandiose panorama de la contrée ; c'est d'abord Nice la Blanche, qui se déploie, comme un éventail immense, aux diaprures éblouissantes, sur le sein de la mer, délicieusement étendue au bord de la baie des Anges, puis la **pointe d'Antibes** et la chaîne de l'Esterel qui ferment l'horizon ; à gauche, le Mont Gros, qui supporte à son sommet, comme un casque formidable, l'**Observatoire** dû aux largesses de M. Bischoffsheim, le Vinaigrier, le Mont-Alban et sa vieille forteresse caduque, le Mont Boron, avec la douce retombée sombre des ses pins-parasols et, plus loin, le **phare de Villefranche**, à l'extrémité du cap Ferrat, tendant son œil curieux aux lueurs intermittentes. En tournant le dos à la mer, c'est la vallée du Paillon, la **colline de Cimiez** et les toits rouges de ses coquettes villas, que domine le monumental Hôtel d'Excelsior Regina, l'**Abbaye de St-Pons** et le **château de St-André**, qui ouvre la pittoresque vallée de

Tourrette. Derrière la colline, **l'ancien cimetière**, où l'on accède par une allée détournée à droite de l'avenue Eberlé, avec son luxueux hérissement de croix et son peuple de statues éplorées. Parmi les monuments célèbres, sont ceux de Gambetta, de la mère et de la femme de Garibaldi, des victimes de l'effroyable incendie du Théâtre Municipal et le mausolée élevé à la mémoire des soldats tués au Tonkin. Au bas, la vieille Nice se recroqueville, dans son étroit dédale de rues enchevêtrées et dallées, et sur ses toits bariolés, ses antiques églises et son désordre pittoresque, le soleil éploie l'aile de lumière de sa magnificence éclatante.

Les remparts et les corps de logis et de garde du château ont fait place à un merveilleux jardin, aux allées spacieuses, plantées de cyprès, de caroubiers, de lauriers-roses, de chênes-verts, de pins, de palmiers, d'aloès et de poivriers, et, sur les choses mortes du passé, éclate et s'épanouit la grâce jeune d'une nature énamourée.

Le château de Nice a vu le travail et l'effort de la vague humaine battre ses flancs à travers les siècles; d'abord camp retranché des peuplades primitives inconnues, puis Oppidum des Ligures, Acropole des Grecs de Marseille, Castrum des Romains et, enfin, farouche citadelle du moyen âge. Il a vu fumer l'encens des sacrifices à Minerve Nikaia; il s'est épanoui dans la splendeur romaine, puis il a subi le choc du flot trouble et furieux des Barbares, Goths, Visigoths et Lombards, remous tumultueux des races en fermentation ; il a regardé Cimiez, sa rivale florissante, flamber et crier de terreur sous la torche d'Alboin ; il a assisté aux guerres continuelles avec les Sarrasins, il a souffert les assauts et les pillages, contemplé les flottes blanches qui s'en allaient, chargées de captifs, pendant que l'incendie agitait dans l'air bleu son sinistre panache de fumées livides. Il a été la citadelle imprenable et hautaine des comtes de Provence et des rois d'Aragon, avec, derrière son armure de remparts et de forts, des palais, des monuments et des églises. Sur lui, Jeanne de Naples a régné, et pendant cinq siècles, la croix de Savoie a ventelé sur ses tours ; puis, de nouveau, les Turcs, le torrent dévastateur des hordes sanguinaires, qui roulait, avec d'immenses clameurs, le tonnerre des canons. Et encore des invasions succédant aux invasions, une furie des races à se ruer sur cette terre merveilleuse, les Impériaux, les Austro-Piémontais, les Français, Catinat qui fit sauter ses poudrières, puis, toujours, des armées, des héros et des traîtres, des escalades et la peste et la mort, tous les drames et toutes les tragédies hurlant autour de ses murs, jusqu'au jour où Berwick le démantela et jeta ses membres de pierre dans l'oubli définitif.

Ses flancs sont un vrai musée archéologique comparé, où sont entassés les vestiges de toutes les civilisations. « Des fouilles faites au milieu du siècle, dit Negrin, firent découvrir d'abord le cénotaphe de Béatrix de Portugal, puis des tombeaux catholiques construits avec des débris des tombeaux romains, plus bas encore, les belles briques juxtaposées des sépultures antiques. et encore au-dessous, des murs informes, des haches en serpentine, qui sont au musée de Gênes, et des tombeaux formés de briques grossières, restes d'une population primitive ». Son histoire géologique est curieuse et dans la brèche osseuse, qui forme la principale partie de ses assises, on a retrouvé le travail des siècles de submersion et les vestiges d'innombrables animaux fossiles que Cuvier a reconstitués minutieusement.

Parmi les nombreuses inscriptions échappées à la rage des assauts et au hasard des catastrophes, l'une des plus importantes est celle découverte sur les ruines de la cathédrale de Ste-Marie l'Assomption, qui est gravée sur un grand ossuaire de pierre du IVme siècle, contenant des ossements, situé à trois mètres de profondeur et dont Brun nous donne la teneur, ainsi conçue :

« *A Valeria Materna, sa fille chérie, et à Julius Albicianus, son petit fils tendrement aimé, Acutia Protogenia, la mère, fit faire à ses frais et placer pour elle ce monument.* »

Une autre inscription, gravée sur une stèle, était ainsi conçue :

« *A Flavia Paterna, fille de Paternus, Manilia Quintina, sa mère à sa fille chérie.* »

En outre, on retrouva un beau bas-relief en marbre, représentant les Muses, et d'autres tombeaux dont quelques-uns contenaient des poteries et de curieux bijoux.

Le donjon fut élevé, en 1176, par Ildefonse d'Aragon ; c'était une grosse tour rectangulaire à plusieurs étages, qui fut renversée par les Niçois aidés des Génois, révoltés contre leurs seigneurs. En 1229, elle fut rétablie par Raymond Béranger, comte de Provence, qui en fit son habitation, ainsi qu'Amédée VII et Amédée VIII. En 1440, Nicod de Menthon, gouverneur de Nice, fit bâtir, au nord de la colline, des défenses imprenables, consistant en un rempart d'une épaisseur inusitée, flanqué de trois énormes tours, nommées les tours de Malbouche, de Mauvoisin et de Maubuysson ; en avant du donjon, on édifia un saillant, dont l'une des faces, qui venait en prolongement de la grande courtine du nord, était terminée par une échauguette. Au midi était la Tour Bellanda, que l'on fait remonter au IV⁰ siècle, dans laquelle naquit Emmanuel-Philibert, et où, dit-on, Meyerbeer composa *Robert le Diable*. En 1557, on augmenta la force de ces remparts au moyen d'un formidable ouvrage composé de trois fronts bastionnés, dont les saillants, de forme arrondie, étaient ornés de tourelles accolées. L'entrée était ménagée dans la tour Malbouche, au milieu de la grande courtine ; on y arrivait par un chemin très incliné, dont on voit encore la trace. La tour du beffroi se trouvait dans l'espace occupé aujourd'hui par le jardin du Séminaire. Gioffredo a conservé, dans le *Teatrum Pedemontanum,* deux précieuses gravures du château, à peu près à cette époque, représentant, l'une, l'ancien donjon des princes d'Aragon, et l'autre la forteresse, après les agrandissements des ducs de Savoie. En 1647, on bâtit encore le bastion St-Elme, à l'angle sud-est. Un puits de 72 mètres de profondeur fournissait, aux défenseurs du château, de l'eau d'une grande fraîcheur et d'une grande pureté. Le poète napolitain, Muzio Giustiniani, fit, tout exprès, le voyage de Nice, pour visiter la citadelle et son puits, qu'il appelle la huitième merveille du monde.

Le château renfermait, dans son immense enceinte, trois églises, la cathédrale Sainte-Marie de Place, St-Michel et Ste-Vierge de Roche-Plane. Dans la première fut ensevelie la princesse Béatrix de Portugal, suivant son testament, qui portait : que son corps devrait être enterré, avec l'habit des Frères Mineurs Observants, sans pompe et seulement avec deux torches. Le château contenait, en outre, la ville supérieure, où habitait la noblesse, qui jouissait de privilèges particuliers et ne supportait qu'un tiers des tailles ou contributions.

Un lourd in-folio pourrait seul contenir le récit des sièges et des assauts que subit le château de Nice et de l'héroïsme que déployèrent ces diverses garnisons. L'un des plus effroyables fut celui que lui infligèrent les troupes alliées de François Ier et de Soliman II, empereur des Turcs, commandées par François de Bourbon et l'amiral Barberousse. La ville se rendit, après un blocus assez court, à François de Bourbon, à la condition qu'on accorderait à la population *vies et bagues sauves*, mais le château ne voulut pas capituler et le gouverneur, André de Montfort, fit répondre à Barberousse, qui le sommait de se rendre: « Je me nomme Montfort, mes armes sont des pals, ma devise est: Il faut tenir. Avec l'aide de Dieu et le courage des habitants, je défendrai cette place, tant qu'il me restera un souffle de vie. » Alors commença un bombardement si effroyable que, suivant le président Lambert, témoin oculaire: *les canonades étaient si impétueuses par contre et au-dessus dudit château et cité, que semblait le ciel, la terre et la mer devoir tout abismer.*

Mais le courage de la garnison ne se démentit pas, et aidée de la fameuse Catherine Ségurane, la Jeanne Hachette niçoise, dont nous avons déjà raconté les hauts faits, elle repoussa les assauts avec tant de valeur que l'ennemi dut se retirer, après avoir pillé la contrée.

En 1691, nouveau siége mémorable, par les troupes de Louis XIV, sous les ordres de Catinat. La ville se rendit encore, mais le château résista et subit un terrible bombardement. Il aurait, encore cette fois, fait victorieusement face à toutes les attaques, mais un déserteur piémontais indiqua à Catinat la place du magasin aux poudres, sur lequel on dirigea le feu des batteries. Le magasin, assailli de tous côtés par une grêle d'obus, sauta et, avec lui, les remparts, les tours et l'arsenal; 500 hommes de la garnison furent écrasés ou jetés au loin et 400 furent blessés: on ressentit la commotion à trente lieues. La malheureuse forteresse s'ouvrit comme une grenade trop mûre et dut capituler. Après le traité de Turin, on releva les murs, mais, en 1706, sonna le glas du château, qui fut pris, par le duc de Berwick, après un siège de dix mois, pendant lequel on brûla, contre les mu-

Monastère de Cimiez

railles, sept cents milliers de poudre et l'on tira 60,000 boulets et 6000 bombes. On trouva, dans le fort, 110 pièces de canon, dont 76 en bon état. Sa destruction fut décidée ; il fut donné, à un ingénieur français, 60,000 écus et la poudre nécessaire pour la démolition du château, des remparts et du fort St-Hospice; en outre, l'ingénieur devait bénéficier de tout le fer qui s'y trouvait, ainsi que l'atteste un extrait du *Mercure historique et politique* (Le Haye 1706). La garnison, réduite à 800 hommes, fut conduite à Saorgio, avec les honneurs accoutumés, six canons et deux mortiers, et le vieux château, théâtre de tant d'exploits, s'effondra à jamais dans le fracas des explosions des mines impitoyables.

Les Fontaines de Mouraille et du Temple et la Fontaine Sainte. — Gairaut. — Vallon des Fleurs (*Tramway de la Place Masséna à St-Barthélemy*). — On descend à **St-Maurice,** devant la grille monumentale qui enserre les splendeurs seigneuriales de la villa Chambrun. Par **le Ray,** la route en d'infinies gradations, passe des coquettes joliesses des villas aux aimables rusticités de la pleine campagne, avec, tout autour, la féerie des deux flores de printemps et d'hiver. Un chemin débouche, à droite, dans un val frais, baigné d'une atmosphère d'églogue. Jaillie par des lèvres vertes, émeraudes des jeunes pousses et velours des algues, l'eau irisée de la **Fontaine de Mouraille,** ruisselante de cristallines lueurs, toute fanfreluchée d'écumes, endiamantée de cascatelles, s'égaie et s'ébroue au sein d'une fraîcheur solitaire, pour se continuer en un ruisseau babillard, qui s'en va, comme une vie heureuse, au travers des fleurs et des frondaisons alourdies de parfums. Là, rien, pas de bruit, un oubli de tout, un rafraîchissement de l'âme, par des murmures et des visions de béatitude, un ensevelissement voluptueux dans une tombe verte. Si l'on n'a pas le respect de la propriété, on revient par la villa Morisse, qui épaissit, au-dessus de la Fontaine, ses ombrages princiers. Là s'ouvrent de profonds aqueducs romains, en ogive, aux revêtements de ciment et au fond desquels rythme une eau limpide, où s'allument de courts éclairs.

A peu de distance, sur la gauche, **la Fontaine du Temple,** dont l'eau, trempée d'azur, sort d'une arche antique, débris d'un château des Templiers, et coule, dans les prés, au milieu d'une gaine d'algues vertes, qui la revêtent comme d'une cuirasse d'émeraude aux mouvantes écailles.

La **Fontaine Sainte** est intermittente ; elle reste souvent des années, cachée dans le mystère inaccessible de sa source; puis, soudain, elle répand abondamment ses diamants liquides; dans les traditions, son apparition est de mauvais présage. Toutes ces fontaines ont été captées par les Romains et dirigées sur Cimiez, par des canaux, dont on a retrouvé de nombreuses traces.

Après avoir dépassé ce joli Eden, où les fontaines apportent, dans les soieries de leurs ondes, une perpétuelle fraîcheur, on arrive à la colline de **Gairaut,** d'où la vue s'étend sur tout le bassin fleuri et verdoyant où Nice est assoupie aux bords de la mer murmurante; au loin les sommets neigeux des Alpes, sortant d'un majestueux écrin de forêts, aux tons veloutés. C'est là que la Compagnie générale des Eaux a ses réservoirs, alimentés par la Vésubie, qui fournit à Nice de l'eau potable et forme là une fort belle cascade.

De St-Maurice, en prenant à droite, on se trouve dans le **Vallon des Fleurs**, *où une flore d'une incroyable variété égaie le paysage d'une perpétuelle jeunesse, au milieu de la tenture pâle des oliviers, comme un feu d'artifice dans la mélancolie d'une nuit de printemps.*

Le Vallon Obscur. — La Madeleine. — Magnan (*Tramway de la place Masséna à St-Barthélemy*). *De St-Maurice au Ray à pied.* — Devant la chapelle du Ray, on continue la route, tout droit, jusqu'au village de **St-Sylvestre**; là, par des petits sentiers, à travers les champs, on s'engage dans une vallée qui se rétrécit peu à peu et aboutit à deux lèvres étroites, ouvertes dans des parois calcaires et qui entrebâillent une gueule froide, sente de torrent, que baigne une eau glacée et dont les pendantes végétations obscurcissent le jour. On se dirait pris dans une chape aux parois frigides, et la lumière se perd en de caverneuses pénombres, au fond desquelles des glou-glous sonnent un glas agonisant sur des cailloux tuffeux. De tristes lambeaux de clarté pendent dans les verdures anémiques et la terre a l'air de pleurer à grosses gouttes la douleur de son affreuse blessure. En sortant, on est surpris agréablement par la vue de la campagne bleue et blonde où les pêchers et les amandiers mettent la coquetterie de leur parure rose.

Une charmante promenade consiste à revenir par le coquet village de **la Madeleine,** ou le **Vallon de Magnan,** qui aboutit rue de France, où une ligne de tramways permet de regagner, sans fatigue, la place Masséna.

CIMIEZ

(Tramway électrique de la Rue de l'Hôtel des Postes)

Le plateau enchanté de **Cimiez** surélève assez sa masse fleurie pour que la vue s'étende soudain, tout en restant dans l'intimité embaumée et mystérieuse d'une Thébaïde sans pareille. C'est un nid de fleurs, aux couleurs ensoleillées, avec des villas bleues et roses, éblouissantes de fresques, au sein de la mer aux flots pâles, des oliviers, dans le feuillage desquels la brise chargée de parfums crée de fugitives vaguelettes, des houles éphémères. Tout est nuances exquises, éblouissement de lumière, mignardises de formes, coquetterie infinie de la nature, et l'âme, cependant, est imprégnée d'une intense mélancolie sur cette terre où fut jadis une puissante cité, disparue, engloutie avec ses splendeurs, son faste et sa gloire, dont la charrue ou la pioche dévoilent à chaque instant les troublants mystères.

On a de très nombreuses étymologies de Cimiez, que Ptolémée appelle Céménéleon ; Pline, Céménélio ; Antoine, Cemenelum ou Cemelum. On fait venir ce mot de Cemen-Ilion, ce qui attribue la fondation de la ville aux Troyens, opinion appuyée par le fait qu'on a retrouvé des monnaies à l'effigie d'Enée ; d'autres historiens, et Thaon, principalement, appuyent la version de *Come*, bourg, en celtique et du grec *élaion*, olivier, dont les Romains auraient fait Céménéleon. D'après Brun, Cimiez viendrait du celtique *Kéméné*, ou *Guéméné*, qui signifie chef-lieu, et il base son affirmation sur le fait qu'il existe, dans la Loire-Inférieure et le Morbihan, des villes de Guéménée, ayant la même origine.

Cimiez fut une ville importante ; d'abord, capitale des Védiantiens, sous le nom de Cemenelium, Auguste en fit, après la conquête romaine, une cité impériale, que traversait, ainsi que l'indiquent les débris de pierres milliaires, la grande voie Aurélienne ouverte par le consul Aurelius Cotta, qui allait d'un côté à Rome par la Turbie, Savone, Lodi et Pise, et de l'autre à Aix et jusqu'en Catalogne.

Dans les inscriptions, Cimiez est qualifiée de *Civitas*, tandis que Nice n'est appelée que *castrum Niciæ*. Elle avait un préfet, un préteur chargé de l'administration de la justice, des questeurs, un grand prêtre-chef et les trois ordres de citoyens : sénateurs, chevaliers et plébéiens. Ce fut une ville de luxe et de plaisirs, déjà villégiature des Romains, avec la splendeur des monuments de la décadence gallo-romaine, palais aux somptueuses colonnades, villas précieuses, temples constellés de statues de marbre, grandiose amphithéâtre où rugissaient les fauves, et thermes aux ingénieux raffinements. Elle compta 40,000 habitants et fut enclose de hautes et imposantes murailles, où veillaient, armés du *rumex* à fer recourbé, les légionnaires aux scintillantes armures écaillées.

L'impératrice Cornélie Salonine, femme de Gallien, vint, accompagnée de toute la cour, demander la santé au doux climat de Cimiez.

Ainsi que l'atteste une inscription trouvée dans la propriété Garin, elle prit le pays sous sa protection, arrêta les exactions et les persécutions du farouche Claudius, préfet de Cimiez, et mérita le monument que lui éleva la population reconnaissante.

Après de longs siècles de splendeurs et après avoir vu succomber autour d'elle les villes, les unes après les autres, sous le flot furieux des Barbares, le tour de Cimiez vint aussi sur les inexorables tablettes de la destinée. En 574, à la mort de leur roi, les chefs lombards se partagèrent le royaume et fondèrent une fédération, qui entra en lutte avec les Francs et les Bourguignons. Les trois principaux d'entre eux : Amond, Gaban et Alboin, résolurent d'envahir les pays de leurs ennemis et ils se ruèrent à la curée, à la tête de leurs hordes innombrables. Alboin s'avança le long du littoral, suivant la voie Aurélienne, avec des troupes d'éclaireurs qui coupaient toutes les communications. L'incendie s'allume partout et la plaie hideuse de la guerre vient ensanglanter le paradis endormi dans la béatitude. Cimiez se prépare à la lutte une fois de plus, et ses légions couronnent ses murailles, pendant que des hauteurs, en un noir fourmillement, les Lombards farouches se précipitent à l'assaut de tous côtés. La lutte fut longue, meurtrière, sans pitié. Mais l'heure était venue pour Cimiez. Les Lombards escaladent ses murailles, envahissent la ville, égorgent tous les habitants et allument l'incendie aux quatre coins de la malheureuse cité. On retrouve encore, dans des excavations ou sur des débris, les traces de cet affreux embrasement. Cimiez, la ville des roses, avait vécu et sa destruction fut si complète, que les rares survivants se réfugièrent à Nice et n'osèrent plus relever les ruines informes de leurs demeures. Après avoir pillé toute la contrée, les Lombards se jetèrent sur la Gaule Narbonnaise, où ils commirent d'innombrables ravages, dont est pleine toute l'histoire de Provence.

Le monument le plus remarquable qui a survécu est l'**amphithéâtre**, que la route a éventré et que sa chaussée traverse prosaïquement ; il mesure 65 mètres sur 54 et pouvait contenir 8000 personnes. D'après F. Brun, il avait un portique tétrastyle, un podium, ou grande plate-forme, qui entourait l'arène actuellement au ras du sol, tandis que les loges inférieures sont enfouies, et un *summa* ou partie élevée du monument. Un immense velarium, de 150 coudées de long sur 25 de large, était soutenu par des poutres verticales, encastrées dans de grandes pierres formant saillie sur le parement extérieur du mur d'enceinte et qui se voient encore. Devant ces quelques gradins affaissés, ces arceaux qui se dressent mutilés, la mélancolie du souvenir devient presque une souffrance ; on est empli, à en crier, de cette époque cruelle et superbe, et, dans un rêve inconscient, on voit passer toute cette foule disparue, les aganothètes, qui présidaient aux combats et aux jeux publics, les Thraces au corps nu, les combattants *ad ludum* et *ad gladium*, les *scutores*, dont le casque était surmonté d'une aigrette, les rétiaires et leur filet, fourche en main, les mirmillons armés à la gauloise, les dimachères qui luttaient avec deux épées, les héraults vêtus d'une chlamyde blanche, le front ceint d'une bandelette écarlate, tenant à la main la baguette d'ivoire, les Mercures brandissant de longues tiges d'airain rougies au feu, les andabates au casque fermé, les *lanistoe* faisant siffler leurs fouets aux pointes d'acier, pendant qu'aux applaudissements de la multitude se mêlaient les vibrants mugissements des fauves et les métalliques fanfares des buccins, assourdies des lourds battements du tympanon. Et pendant qu'un olivier nain se balance au souffle du vent, sur une crevasse de la pierre, on voit défiler le triomphateur, dans sa trabée pourpre aux palmes d'or, le front ceint de lauriers, traîné par un quadrige d'ivoire attelé de quatre chevaux blancs.

Le populaire a fait de cette ruine le lieu de réunion des fées et l'a appelée *Tina di la fada* (Cuve des fées). On raconte, entr'autres, la légende suivante: Lors des persécutions, une jeune chrétienne noble, nommée Tatia, avait été condamnée aux bêtes. Lorsqu'elle se vit en face des lions et des tigres, sa foi faiblit; elle eut peur et abjura; mais elle en conçut un tel chagrin, qu'elle mourut peu après. Les gens du pays disent que, parfois, elle revient la nuit et qu'avec elle revivent la scène de l'abjuration, les horreurs superbes des arènes, avec la multitude bruissante et les bêtes qui rauquent dans les cages. Sarty raconte qu'au XVIe siècle, un jeune peintre, nommé Luigi Randozzo, en promenade dans les arènes, s'engagea dans un souterrain, où il vit le fantôme de Tatia, qui le conduisit au milieu de l'amphithéâtre, et que, devant lui, se reproduisit le drame terrible, dans son cadre grandiose.

En janvier 1875, on découvrit les **Thermes**, qui étaient très complets, fort beaux et occupaient une grande étendue. Peu à peu apparurent, sous les fouilles, le *praefurnium*, le *caldarium*, avec ses baignoires de marbre, le *tepidarium* et le *frigidium*, au moyen desquels les conquérants du monde réalisaient le fameux *mens sana in corpore sano*. Les décorations de ces thermes étaient somptueuses ; on exhuma d'énormes fûts de colonnes en marbre vert, des plinthes en marbre de diverses nuances, des cimaises en marbre rouge, des chapiteaux et des statues d'un goût exquis, puis le superbe dallage en marbre blanc, des salles innombrables, ainsi que les nombreux conduits en briques creuses, qui servaient à amener la vapeur et l'eau aux diverses températures nécessaires à l'affinement du peuple-roi, puis deux inscriptions, l'une dédiée à Marcus Antoninus, l'autre à Lucien Septime Sévère. Les débris de ces thermes sont dans la propriété Garin, avec un ancien temple d'Apollon et des vestiges d'aqueduc.

Les découvertes sont nombreuses, et à toutes les époques la terre a rendu les trésors épargnés par la

Amphithéâtre de Cimiez

rage des Lombards. Ce sont des pierres, avec les inscriptions aux noms de Manlius, Julius, Valerius, Cassius, des fragments de colonnes et de statues, des lampes funéraires, des urnes, des bijoux, des armes; la plus importante est celle qui fut faite, en 1852, par un propriétaire de Cimiez, de 1914 deniers mérovingiens en argent. lesquels, achetés par un Suisse, M. Morel-Fatio, furent donnés par lui au Cabinet de Médailles de la Bibliothèque nationale; c'est une des collections les plus complètes de ces rares monnaies; elles appartiennent à toutes les localités, mais surtout à Marseille et à ses environs : on y remarque des Anténor, Ansébert, Nemfidius, Childebert III, Ranemir, évêque de Nîmes, Palladius, puis des deniers au monogramme de Uzès, Arles, Vienne, Lyon, Le Puy, Clermont, Riom, Poitiers, Orléans, Paris, etc.

Toute une philosophie se dégage des inscriptions exhumées du vaste sépulcre de Cimiez, et la pierre insensible a retenu les joies et les souffrances de toute une civilisation.

L'une dit:

O hommes misérables, ceux-là vivent qui ne voudraient pas, et ceux qui devraient vivre sont emportés par la destinée acerbe.

Sur un sarcophage en marbre, on lit:

Aux mânes et à la mémoire immortelle de Flavia Bacilla, épouse très chérie, née à Rome, femme recommandable par sa charité et son extrême tendresse envers son mari, laquelle a vécu 35 ans, 3 mois, 12 jours. Aurelius Rhodimanus, affranchi de l'Empereur, contrôleur des Alpes-Maritimes, et Aurelia sa fille, accablés par sa mort d'une douleur et d'une privation insupportables, ont érigé et dédié cette inscription à une épouse et mère très chérie.

Et cette autre :

Lucius Verducius Maternus, oubliant sa médiocrité, dédia ce monument à Spartague Paterna, épouse vertueuse, dont la vie fut si exemplaire, que son nom méritait de passer à la postérité, afin qu'elle fut éternellement vénérée.

Le hasard a voulu que la postérité eut connaissance de ces vertus et de cette douleur et qu'elles survivent à ceux-mêmes qui les ont exprimées. Une de ces inscriptions les mieux conservées est celle qui célèbre la reconnaissance de trois collèges d'artisans envers Aurelius Masculus, préfet des Alpes-Maritimes, qui, pendant son gouvernement, se signala par son intégrité, son équité, sa munificence, au milieu d'une disette et qui avait cherché, retrouvé et rétabli un aqueduc tombé en vétusté.

Et pour qui veut penser, sortir du cadre restreint des préoccupations de la vie, il y a, dans cet asile fleuri, une particulière intensité de sensations. Devant cette tranquillité charmante et éternelle que la nature a répandue sur ces lieux, on songe à cette splendeur qui s'est éteinte, à cette jeunesse et à cette force qui se sont envolées, à ces siècles qui ont fui, emportant ces êtres qui ne sont plus que poussière, dont les noms mêmes sont inconnus et ne se retrouvent plus que rongés de mousses ou effacés par l'aile des ans, sur des cippes ou dans des épigraphies discutées. Qui sait, si sur cette pierre informe, roulée au bord d'un sentier, une belle patricienne n'a pas appuyé la rondeur blonde de son bras nu et n'a pas rêvé, le cœur gonflé de désirs, un soir de vie, que la nuit coulait son pur silence et que la brise parlait d'amour aux oliviers d'argent? Partout, c'est l'image du néant fleuri et de l'oubli ensoleillé et l'on vit dans les magnificences évoquées par l'imagination et l'on songe au charme des yeux, aux délices du sourire, aux voluptés de la chair rose, aux paroles vibrantes, aux pas jeunes sonnant sur la terre, à tout ce qui a palpité, vécu, aux ambitions, aux joies, aux vices de ces êtres qui ne sont plus, et l'on pense que nous serons, nous aussi un jour comme eux, ignorés, confondus, sans forme, ainsi que le dit l'inscription romaine retrouvée sur une sépulture sans nom: « J'ai été ce que tu es, tu seras ce que je suis. » Et dans les soupirs et les frissons de la solitude, dans le calme et la tranquillité, au sein des fleurs, on croit entendre comme un bruissement de foules.

Sur une esplanade plantée d'ormeaux, Cimiez a un **couvent de Récollets** et une **église** qui fut bâtie sur les ruines d'un temple de Diane. On remarque une croix de marbre blanc, élevée sur une colonne torse très ancienne, qui fut d'abord érigée, à Nice, devant le Monastère de St-François et dont les bas-reliefs représentent des saints de l'ordre séraphique. L'église a une façade de style gothique, avec des clochetons élancés, des fenêtres aux élégants meneaux et de riches rosaces ; en avant, est construit un porche élevé de quatre degrés et qui règne sur toute la largeur de l'édifice. La tradition fait remonter son origine au IXe siècle; on la voit figurer officiellement dans les Actes publics, en 1247, à l'occasion d'une bulle donnée en faveur des Bénédictins de St-Pons, dont elle était comptée au nombre des fiefs ; vers 1450, elle dut être reconstruite presque entièrement et elle fut brûlée, en 1543, par les Turcs de Barberousse. Sous le portique du couvent, on a reproduit les supplices variés des martyrs du christianisme, qui sont tous habillés en capucins et dont Negrin a fait le compte, qui se décompose ainsi : décapités, crucifiés, transpercés, écorchés, livrés aux bœufs, brûlés, sciés, pourfendus, encloués, dépecés, assommés, éventrés, flagellés, poignardés, rôtis à la broche, *fusillés*, fouettés, écartelés, martelés, bouillis, pendus, empalés et lapidés. L'intérieur présente de belles peintures du peintre niçois Bréa, condisciple de Raphaël, et des artistes italiens Giacomelli et Osodosso.

L'église possède d'importantes reliques, entr'autres le corps de Ste-Victoire, vierge et martyre, dans un parfait état de conservation et dont la chair a seulement pris une teinte noire ; revêtue d'une riche tunique de soie rose brodée d'or, la sainte est couchée sur le côté droit dans une grande châsse fort décorée. Elle fut trouvée dans le cimetière Calepodium, à Rome, avec tous les attributs du martyre et donnée par le pape Innocent XII à l'ambassadeur Marcellus de Gubernatis, qui l'offrit au couvent en 1697. Au-dessous, dans une urne de bronze doré, les fidèles vénèrent les vêtements du bienheureux Grisomolus.

Sur la route de Cimiez et à l'extrémité de la voie du petit tramway, se trouvent un **jardin zoologique** et une **ferme bretonne**, avec des attractions d'ordre divers.

St-Pons. — De Cimiez à l'**abbaye de St-Pons**, il y a vingt minutes, par un chemin agreste, qui traverse des champs et des jardins, dans les accidents de terrain desquels on croit voir les restes énormes d'un quartier enfoui depuis douze siècles.

On arrive devant le couvent qui a une façade connexe, surmontant un portique à sept arcades. Il fut fondé, en 775, par Siagrius, évêque de Bellanda (nom ancien de Nice) et neveu de Charlemagne, en l'honneur de St-Pons, évêque de Nice, mis à mort en 264 par le proconsul romain Claudius, et bâti sur l'emplacement même du supplice. St-Pons fut, dit la tradition, un patricien romain, qui se convertit au christianisme. Claudius le somma d'abjurer sa foi; sur son refus, il fut jeté dans un cachot et condamné à mort. Placé sur un chevalet, qui devait lui déchirer les membres, l'instrument se rompit tout à coup; il fut conduit ensuite dans l'arène, et deux taureaux, lancés contre lui, tournent leur fureur l'un contre l'autre; deux ours féroces de Dalmatie déchirent leurs gardiens plutôt que de toucher au martyr, aux pieds duquel ils viennent se coucher ; alors on le fait monter sur un bûcher, mais les flammes s'éteignent et St-Pons apparaît sain et sauf et comme auréolé de gloire. Le proconsul le conduisit alors hors de ville et le fit décapiter; la tête du saint roula dans le Paillon, flotta sur les eaux, précédée de deux torches allumées, et fut recueillie au village de Collobrières. d'où on la transporta, en grande dévotion, au monastère de St-Victor, à Marseille. La tradition ajoute « qu'une horrible maladie, inconnue de tous les médecins, rongea la langue et le visage de Claudius et que les deux yeux de son lieutenant, Annubius, tombèrent hors de sa tête ».

Le 27 septembre 1388, Amédée VII le Rouge, comte de Savoie, signa, devant St-Pons, l'acte par lequel Nice se donnait à lui et qui finit par ces mots: « *Acta fuerunt haec ante ecclesiam monasterii Sancti Pontii extra muros civitatis Niciae* », et qui contenait 33 articles que Gioffredo rapporte dans son *Histoire des Alpes-Maritimes*.

Charlemagne visita deux fois l'abbaye et la dota richement. Détruite à plusieurs reprises, entr'autres par les Sarasins et les Turcs, en 890 et en 1543, la piété la releva toujours de ses ruines. Sa dernière restauration date de 1835 et est l'œuvre de Mgr Galvano, évêque de Nice, ainsi que le relate une plaque de marbre encastrée dans la façade. Elle est occupée, depuis 1836, par les Oblats de Marie, qui se livrent à l'enseignement et ont conservé à l'intérieur des débris d'antiques sarcophages.

Le Var. — Cagnes. — St-Paul. — Vence. — Tourrettes-sur-Vence. (*Gare du P.-L.-M. Station de Cagnes*). — Après avoir passé la station du **Var,** où l'on peut descendre pour visiter l'**Hippodrome** et le superbe **Jardin d'acclimatation** de Nice, on franchit le **Var,**

VENCE
(Ligne du sud de la France)

large fleuve ensablé, qui tire son nom de *Varius* (variable), ou de *Varus* (arqué), mots qui désignent ses deux principales qualités.

Cagnes est à 14 kilomètres de Nice. Ce village, qui fut l'ancienne *Onepia* et eut un sanctuaire de Vénus, est bâti en amphithéâtre et le jour ne se hasarde qu'en rechignant dans ses murailles édentées et au travers de ses rues étroites. De tous côtés des jardins rustiques, les restes de ce qui fut le Monastère de St-Véran et l'Eglise de Notre-Dame la Dorée, que dota Charlemagne. Un château féodal, ancien castel des Grimaldi, donné à Rainier Ier par le roi Robert, dresse ses somptuosités délabrées et autour de lui s'humilient et s'abaissent d'humbles petites maisons, déjetées, grises d'âge et de pierre.

A trois kilomètres, sur la ligne P.-L.-M., **Villeneuve-Loubet**, avec une tour célèbre, propriété du marquis de Panisse-Passy, enveloppée de sites d'un pittoresque exquis et dont un des seigneurs fut, en 1230, Romée de Villeneuve, qui eut l'investiture du comte de Provence, pour sa brillante conduite au siège de Nice.

De **Villeneuve-Loubet**, un sentier longe la rivière **le Loup**, au milieu des bois, et côtoie les **barres du Loup**, taillé au flanc de rochers de formes étranges et curieusement stratifiés ; on arrive ainsi à **La Colle** en 2 heures ; plus haut le Loup sort de la sombre entaille des **Gorges**, que nous visiterons plus loin.

Au nord de Cagnes, à 7 kilomètres, par la route de La Colle, **St-Paul**, *la bonne ville*, que fortifia François Ier, qui jouit jadis d'une grande fortune politique et fut la cité de prédilection de la noblesse, ville hautaine, isolée dans la verdure et qui n'a pas ôté le corset de coutil de ses hautes murailles bastionnées et crénelées, que la dent des siècles n'a pu déchiqueter.

Les deux entrées sont encore là, avec leurs ouvrages avancés et leurs tours écussonnées ; dans la rue étroite, où bâillent des ogives obscures d'allées, s'ouvrent des passages latéraux, où la vue se rafraichit, à droite et à gauche, en échappées sur les remparts pittoresquement moussus et inondés des caresses d'or des orangers et des citronniers. Au haut de la ville, deux fières tours carrées, de dur calcaire, forteresses tombées dans la dévotion, dépendant actuellement de l'église et d'une chapelle. St-Paul, dont les archives sont fort remarquables et très complètes, fut, au XIIIe siècle, un chef-lieu de viguerie ; le chapitre de sa collégiale portait : *d'azur à un St-Paul de carnation, vêtu d'or, tenant dans sa dextre une épée d'argent, la pointe en bas, et sur la sénestre un livre ouvert de même, sur une terrasse de sinople.*

A l'autre extrémité de la vue, la route continue et on arrive, après 5 kilomètres, sur **Vence**, station de la ligne des chemins de fer du sud de la France, que nous aurons l'occasion de revoir.

Vence (*Civitas Vinciensis*), ancienne capitale des Vérusiens, joua un rôle actif dans les guerres contre les Romains et fut assiégée par eux, parce que ses habitants avaient prêté main forte à Annibal. Les Ligures, réunis autour de la ville, anéantirent, en 189 av. J. C., une légion romaine et son chef, Boébius. En 61 av. J. C., Vence supporta un nouveau siège des Romains, commandés par Lentinus. Elle dut se rendre, après d'interminables assauts, mais, à son tour, le général romain fut chassé de la place, dans laquelle il s'était solidement retranché, par le torrent fougueux des tribus voisines coalisées. Vence subit, au travers des siècles, les invasions des Lombards, des Sarasins, les guerres civiles, les troubles religieux. Dans ce coin de nature, riant et ensoleillé, les hommes menèrent la curée de leurs appétits. L'abbé Tisserand raconte que, lorsque Lesdiguières l'assiégea, en 1592, les balles et les boulets, par un grand prodige, rebroussaient chemin et retournaient contre les assaillants.

Vence est une coquette petite ville de 3000 habitants, encore vêtue de son armement guerrier, tours et remparts; un coin d'Orient, baigné de lumière, avec les voluptueuses caresses d'une flore tropicale. Sur la hauteur, les ruines d'un vieux château des Templiers, et dans la ville les débris informes de deux temples consacrés à Mars et à Cybèle.

De Vence, on atteint **Tourrettes**, distant de 6 kilomètres, par une belle route, qui déroule dans les oliviers, les replis de sa robe blanche et passe devant **Notre-Dame des Fleurs**, beau château moderne endormi au milieu des parterres épanouis. Nous sommes dans la région des violettes qui dilatent leurs corolles, ouvertes en subtiles cassolettes, dans des champs aux infinies étendues; on cultive la fleur de la modestie, comme le blé en d'autres régions, et l'air est saturé de mouvantes émanations, que la brise chasse au loin et qui semblent l'haleine du printemps.

Sur un promontoire de rocs, hérissé d'aloès, sculpté en croupes rondes et brûlées entre deux profonds ra-

Gattières
(Ligne du sud de la France)

St-Jeannet et la Gaude
(Ligne du sud de la France)

vins. se dresse une ville de pierre, dans la pierre, le passé emmuré, la réalité de ce qui fut, la vie intacte du moyen âge, avec ses caveaux, ses ogives, ses voussures, l'étranglement de ses rues et de ses passages. La pierre est habitée ; dans chaque encoignure est creusée une porte ou une fenêtre et dans les recoins, des têtes timides se montrent, reflétant la stupeur du bruit des pas. Sur la place, assez vaste, des paysans pourtant jouent aux boules et deux fonctionnaires déambulent professionnellement. Tout autour, le ravin se creuse, profond, avec des pentes de roc, où chutent des orangers ; au loin, très bleue, au-delà des molles collines d'oliviers, la mer, si pure, avec la vue blanche d'Antibes. Au-dessus de Tourrettes, dans la montagne du Villard, des grottes curieuses, aux stalactites architecturales et des carrières où foisonnent les coquillages pétrifiés. Tout ce pays a le ragoût d'un autre âge ; il vit encore au XIVe siècle ; jusqu'à son vin, doré et fort comme du rhum, qui vous met, à la tête et au cœur, une griserie d'un effet très particulier.

Grasse. — Gorges du Loup (*Ligne des chemins de fer du Sud de la France*). *Gare, avenue Malaussena.* — Au sortir des jardins de Nice, la ligne s'enfonce dans des collines d'oliviers et traverse les jolis villages de la **Madeleine** et **St-Isidore**, puis franchit, sur le viaduc métallique de la Manda, le Var, qui déploie son vaste cours ensablé aux eaux majestueuses. Dans des baies de montagnes, le fond superbe des Alpes enneigées, en d'exquises superpositions de plans fuyants, aux verts et aux violets délicatement atténués ; ces montagnes blanches et lointaines sont très pures sur un ciel lavé et puis, çà et là, des échappées miroitantes sur la mer, un rêve bleu qui s'évoque au loin, dans le

Le Bar, près Grasse
(Ligne du sud de la France)

décor des feuillages pâles, des moires scintillantes, derrière des draperies étoffées de verdures mordorées. Et, parfois, de vieux châteaux, aux murs effrités, égarés en des solitudes perdues et de vieilles petites villes, grises et ratatinées, ceintes d'austères murailles, comme de pudiques vertugadins, oubliées par l'épopée du moyen âge, s'étagent en la jeunesse des arbres en fleurs, bouquets radieux de renouveau; **Gattières**, la porte de Provence du côté de l'Italie, **St-Jeannet**, au pied de son roc épouvantablement surplombant, la pâle **Vence** et la très curieuse **Tourrettes**, aux ruines fantastiques, que nous avons déjà visitées. Puis des torrents et des gorges, franchies par de nombreux viaducs, à la fine dentelle de pierre, des collines et des vallées, d'une coquetterie parfois sauvage et toujours pittoresque.

Après le **viaduc du Loup**, ouvrage hardi et composé de onze arches de 20 mètres d'ouverture et d'une hauteur de 55 mètres, chef d'œuvre du genre, une halte permet la visite des célèbres **Gorges du Loup**, formidable entaille dont quelque cataclysme initial a crevé le rocher et au fond de laquelle un torrent, le **Loup**, mugit sourdement dans l'hiatus d'un gouffre à pic, avec un luxe effréné de cascades et de cataractes écumeuses du plus superbe effet. Le torrent se fraie à grand'peine un passage au travers des blocs, dont quelques-uns ont l'apparence de monstres élevant hors de l'eau des croupes couvertes d'algues ruisselantes. Un sentier, qui longe les méandres profonds des gorges, permet de savourer les horreurs grandioses de ce site, d'une majesté accidentée. Grâce à divers hôtels et restaurants, on peut, à des prix très variés, apprécier les délicates truites dont sont parsemées ces ondes tumultueuses.

Sur la montagne, un village, nommé **Gourdon**,

hausse, à une altitude considérable, son dur profil d'antique forteresse.

A partir du Loup, le caractère du paysage s'accentue et de grandes parois rocheuses s'élèvent à pic, avec de splendides crénelures, cuirassées de veines ferrugineuses.

GRASSE

Puis la vallée s'abaisse et, bientôt, couchée dans les oliviers, comme allongée dans la direction de la mer, qui bleuit au loin, apparaît, rose et blanche, **Grasse,** la ville des fleurs et des parfums, paisible station climatérique, où les malades, qu'irrite l'air salin, trouvent la position rêvée, dans l'air tiède, où passent les souffles des milliers de fleurs pâmées au sein des innombrables parterres de cette idyllique contrée.

Grasse est une ville antique, fondée par les Romains, disent les uns, par une tribu israélite, au IVe siècle, disent les autres. La grosse tour carrée est un vestige de l'édifice bâti par Marius, pour servir d'entrepôt de vivres à son armée, et la chapelle St-Hilaire a un caractère romain. François Ier dévasta Grasse, pour affamer les troupes de Charles-Quint, mais elle se releva promptement de ses ruines.

La ligne continue, par **Fayence, Draguignan, Lorgues, Salernes, Barjols,** jusqu'à **Meyrargues,** où elle rejoint, près d'Aix, la ligne P.-L.-M. De Grasse, il est loisible de revenir par le tronçon qui aboutit à Cannes.

Puget-Théniers et vallées latérales (*Ligne des chemins de fer du Sud de la France. Gare avenue Malaussena. Embranchement sur la ligne de Grasse à Colomars*). — La ligne de Nice à **Puget-Théniers** est saisissante par le caractère sauvage de ses sites, par l'impression d'effroi que provoque l'aspect de cette nature grandiose et tourmentée, de ces gorges à pic et de cet entassement dantesque de rochers qui l'enserrent de tous côtés.

La ligne rejoint le Var à **Lingostières,** pour le suivre, sans interruption, jusqu'à Puget-Théniers, tantôt sur une rive, tantôt sur l'autre. On passe successivement par **Colomars, Castagniers,** en face duquel se dressent, sur des contreforts escarpés, les hameaux de **Carros** et de **Broc**, et, au-dessus, le village antique d'**Aspremont,** auquel on arrive par une route ou le vallon tourmenté de *Rouguet.*

St-Martin-du-Var, la station suivante, est au bas de l'esplanade où est bâtie la ville de **La Roquette-du-Var,** dominant, de son mamelon bastionné, la route onduleuse de Levens, en face de l'Estéron, torrent de montagne qui marquait, avant l'annexion, la frontière entre la France et l'Italie ; puis on passe devant le pont **Charles-Albert,** élevé sous la domination italienne ; à 7 kilomètres sur la gauche, au-dessus de la gorge de l'Estéron, **Gilette,** place de guerre imprenable, à la fantastique silhouette, jadis de grande importance, où Alphonse Ier, roi d'Aragon, bâtit un château fort, sur les ruines d'une citadelle détruite par les Lombards, et l'extraordinaire petite ville de **Bonson**, sur un roc gigantesque, blottie dans les arêtes rocheuses, qui se dresse en sentinelle à l'entrée des gorges, en face de la **Vésubie** ou **Plan du Var,** station qui dessert **Levens, Utelle, Roquebillière, St-Jean la Rivière** et **St-Martin Vésubie. C**'est là que s'ouvrent les merveilleuses **Gorges de la Vésubie,** l'une des plus pittoresques contrées du pays niçois, qui rappellent comme grandeur certains sites tourmentés de la Suisse, avec le cachet très spécial, adorablement verdoyant et ensoleillé de la nature méridionale. A gauche, une grande route conduit à **Utelle,** et à droite, longeant en partie le canal de la Vésubie,

Vallée du Var

et accroché au flanc d'importantes parois de rocher, le sentier de **Bararoussa**, qui, en 1 ½ h., aboutit à **Levens**.

Jusque-là, la vallée est large, verdoyante, et le Var égrène, tranquillement, sur le clavier des cailloux, sa plainte monotone, mais soudain, les montagnes se resserrent, rapprochent leurs dures arêtes, crispent leurs assises rocheuses, qui deviennent verticales, comme pour étrangler le fleuve dans leur effroyable étreinte. Cet endroit s'appelle le **Défilé du Ciaudan**. La nature prend alors le plus sauvage des aspects; la gorge est profonde et noire, de chaque côté la pierre aride, à laquelle s'accroche péniblement une rare végétation, semble une menace toujours plus imminente; il n'y a de place, entre les eaux qui rugissent leur furie et le rocher qui la contient, que pour la voie ferrée et la route sinueuse, qui circule, obscurcie par des fréquents tunnels. C'est une gaine de roc, dans lequel le train glisse, comme une arme d'acier, avec de métalliques cliquetis. On passe **La Tinée** et **La Mescla** et toujours les énormes masses pierreuses néocomiennes, de couleur rougeâtre, d'un aspect effarant, se prolongent, dans des gorges secondaires, rocs déchiquetés, taillés en bastions, crénelés comme des citadelles, escarpements surplombants, blocs perpendiculaires, ciselés, striés et lacérés par les eaux et d'où s'éploient des mousses et des plantes grimpantes, pendantes comme des chevelures. La vallée de la **Tinée** commence à l'ancien pont suspendu de la Mescla *(mélange)*, au confluent du Var avec cette rivière ; c'est dans cette vallée, d'un pittoresque éblouissant de sauvagerie, que se trouvent les villages de **La Tour-sur-Tinée, Roussillon, Clans, Bairols et Tournefort**, les villages rivaux depuis des siècles; **Marie Saint-Sauveur, Roure, Roubion, Rimplas, Isola, St-Etienne de Tinée, St-Dalmas-le-Selvage**, la plupart perchés à des hauteurs énormes et encore fortifiés. Sur le côté droit de la vallée, dominant Rimplas, s'étage, blanche et formidable, la sommité italienne de *San Salvatore*.

A partir de la Mescla, l'horizon s'élargit et l'on respire au sortir de l'effrayant et vertigineux couloir. Sur les hauteurs, à droite, se profile le fort de **Picciarvet**, qui commande les vallées du Var et de la Tinée. Puis, c'est la petite oasis verdoyante de **Malaussène-Moissans**, et, après le **Pont de l'Abbé**, la gare de **Villars-sur-Var**.

Le village de **Touët-de-Beuil**, la station suivante, est étrangement accroché au flanc d'une muraille rocheuse perpendiculaire, avec son église bâtie sur une voûte qui domine une cascade à pic. Ses maisons, aux greniers béants, sont pressées les unes contre les autres, en une masse continue; ses rues sont assombries de voûtes et la lumière n'y entre pas; à peine distingue-t-on la clarté gazouillante d'un filet d'eau qu'une conduite en ciment fait circuler dans tout le village. Au bas du village, un vieux château, avec une belle tour ronde, convertie en cimetière.

A un kilomètre et demi, la gare de **Cians**, qui détient certainement le record de la modestie pour

Villars-sur-Var
(Ligne du sud de la France)

St-Martin Vésubie
(Vallée de la Vésubie)

gares et est représentée par une plaque indicatrice, un trottoir et huit acacias. Près de là, s'ouvrent les **Gorges du Cians,** afffuent du Var qui, sur plusieurs kilomètres, présentent le spectacle d'un amoncellement titanesque de rochers, de hauteurs prodigieuses et de cascades aux pittoresques rejaillissements. La route qui longe ces gorges aboutit à **Beuil,** ancien poste romain, nommé *Castrum Boliacum*, qui s'appela successivement : *Amboliacenses, Bolium, Boliaco, Bolio,* et fut un fief des Grimaldi ; le dernier comte de Beuil, Annibal Grimaldi, fut condamné à mort par le Sénat de Nice, pour avoir tenté de livrer Nice à l'Espagne, et étranglé dans son château de Tourette Revest. Après l'abolition du régime féodal, le comte Maffei, seigneur de Beuil, résidant à Turin, aliéna tous les biens de son ancien fief ; 42 habitants de Beuil en firent acquisition, le 5 août 1798, au prix de 6125 louis. A trois lieues, au nord de Beuil, se dresse le **Mont Mounier** ou **Meunier,** haute cime des Alpes-Maritimes (2818 m.) où l'on a élevé un Observatoire, station détachée de celui de Nice.

Enfin, on arrive à **Puget-Théniers,** station terminus, la plus petite des sous-préfectures françaises, avec ses maisons curieusement bâties, son pont très ancien, sur la Roudoule et son église du XIIe siècle. Puget-Théniers était, sous les Romains, le chef-lieu des Ectini, peuplade ligurienne, et le siège d'un lieutenant du préfet de Cimiez. Ruiné par les Barbares, il devint, au moyen âge, une viguerie de la Comté de Provence. Sa vallée fut habitée par les Templiers, qui ont laissé de nombreuses traces de leur passage, à Puget même, à Villars, à Saint-Sauveur, jusqu'à St-Etienne et dont les nombreuses églises se reconnaissent à leur style hardi et bien caractérisé.

A 7 kilomètres de Puget-Théniers, le village d'**Entrevaux**, dont les vieilles fortifications sont restées presque intactes et qui est dominé par un fort encore armé, auquel conduit un chemin bordé d'un intéressant mur crénelé. Il y a une grande et séculaire rivalité entre les habitants de Puget-Théniers et ceux d'Entrevaux; les premiers vont jusqu'à prétendre que Judas Iscariote était d'Entrevaux, paraphrasant la parole célèbre du Christ : « Un d'Entrevaux me trahira. » Avec la prononciation locale, qui confond les sons *o* et *ou*, la confusion peut paraître ironiquement justifiée, tout en ne cessant pas d'être invraisemblable.

A l'ouest de Puget-Théniers, nous nous trouvons dans le canton de **Guillaumes**, qui confine aux Basses-Alpes, a un territoire froid, peu fertile et d'une configuration des plus accidentées. Quatre localités du même nom : **Entraunes, Châteauneuf d'Entraunes, Villeneuve d'Entraunes** et **St-Martin d'Entraunes**, où naît le Var, occupent les points terminus de cette contrée, avec des altitudes variant de 1400 à 1700 mètres. La ville de **Guillaumes** fut fondée, au XIe siècle, par Guillaume II, comte de Provence et roi d'Arles; son château fort, majestueusement campé sur un rocher, est hanté par les plus fantastiques légendes et la mémoire des drames les plus sombres du moyen âge.

Gorges du Cians
(Ligne du sud de la France)

Au sud de Puget-Théniers, dans la direction de Grasse, nous sommes, si nous passons le Var, dans le canton de **Roquesteron**, très montagneux, au sein d'une nature abrupte, fertile en excursions et parse-

Puget-Théniers
(Ligne du sud de la France)

mée de ruines aux émouvants souvenirs, **Pierrefeu** et la **Caïnée**, importants à l'époque romaine et dévastés par les Lombards, **Sigale**, bâti par les Phocéens et également détruit par les Barbares.

St-André. — Tourette-Levens. — Châteauneuf. — Levens. — Duranus. — Utelle. — *(Voitures pour St-*

André, Station : *16, Quai St-Jean-Baptiste. Trajet 30 minutes. Départ 9 h., midi, 2 h., 5 h. Prix 0.50 c. Voitures pour Levens, Station : Hôtel du Chapeau, 34, Quai St-Jean-Baptiste. Trajet 4 h. ½. Départ 6 h. matin et 2 h. 30. Prix 2 fr.*). — Après avoir passé devant les prisons, l'Abbaye de Saint-Pons et l'Asile des fous, et quitté le Paillon, la voiture s'arrête à **St-André,** petit village situé à l'entrée de la vallée de Tourette-Levens. Près de là, sur une esplanade pittoresque et des assises féodales, en pierres anguleuses et moussues, les marquis Antoine et Gaspard Thaon de Lantosque ont bâti, en 1687, un château qui a l'air en nougat, peinturluré avec de la crème Simon, et l'apparence d'une perruche frivole sur le perchoir d'un aigle envolé. A quinze minutes du château, un pont naturel, sur lequel passe la route, a pris le nom de **Grotte de St-André**; c'est une sorte de gaine tuffeuse d'où sort, voilée par une tapisserie charmante de mousses, de lierres et de fougères, une cascade aux scintillantes écumes.

La route de St-André s'attarde dans des gorges sinueuses, formées par d'étranges assises de montagnes, masses calcaires, bouleversées par un bras de géant, puis, des échappées gaies et bleues et, à tout moment, la jeunesse d'un jardin planté d'arbres en fleurs. La vallée s'élargit insensiblement et **Tourette-Levens** apparaît, vieille cité de pierre, juchée sur le rocher, pierreuse, empierrée, à ne savoir où commencent les maisons et où finit le roc, tant celles-là ont l'air d'être la continuation de celui-ci; beaucoup de ruines branlantes, avec des pans lamentables et des plaies retournant au rocher, d'où elles sont sorties, délaissées dans la nonchalance heureuse du pays. Au loin, un squelette de pierre crevé; c'est **Châteauneuf**, où l'on arrive, en une heure et demie, par un chemin en lacets, creusé dans le roc, et qui s'ouvre, à quelque distance de Tourette, sur la grande route. Au pied de la colline on a comme une évocation fantastique de ces ruines chimériques, à la Gustave Doré, sous un ciel éclatant, que les reliefs durs mordent comme une scie. Châteauneuf, d'abord bourgade des Védiantiens, puis oppidum romain, où l'on trouva une pierre portant une inscription relative à Hercule, eut pour seigneurs en 1109, quatre frères : Isnardus, Guillelmus Talona, Petrus Autrigus et Raymondus, après avoir été donné à l'Abbaye de St-Pons par l'évêque de Nice, Pons, frère de Uiron. En 1543, les Turcs de Barberousse passèrent, hurlant, pillant, violant et tuant, et ils s'en sont allés, mais le charnier est resté là, dans son horreur et sa beauté, si grand qu'on n'a pas osé y toucher. Les ruines sont en haut, crénelées, ciselées, éventrées affreusement et ce sépulcre blanchi par le soleil est inhumé dans le ciel. Quand on arrive, malgré soi on cherche encore la lueur de l'incendie et l'on s'attend à entendre le hoquet des blessés. Il n'y a personne et, seul, le silence habite cette solitude. Les lourdes tours sont partout blessées d'affreuses lézardes et les murs ont subi d'impitoyables éventrements ; de tous côtés, à chaque pas, des voûtes et des cachots s'ouvrent, comme des gueules noires et mystérieuses. Là, on a des impressions fortes, on est loin de la vie, jeté brusquement dans le moyen âge, romanesque et sanglant, et l'on est encore étourdi et stupéfait de la chute.

Très près, le Baudon, et au loin des Alpes blanches, devant lesquelles s'abaissent des paravents de montagnes, dont le lointain fait une exquise palette de violets et de bleus, de mauves et de roses gemmés des pierreries des rocs éblouissants comme des seuils de marbre. Au fond, la mer ouvre, grande, sous le ciel apâli, son aile de saphir, avec, sur la rive, un liseré diamanté de vagues calines; au large, la ligne tremblante, bourrelet de lumière, qui ferme l'infini de son hermétique splendeur. Et Nice, toute entière, apparaît, couchée dans les collines d'oliviers, assoupie en la béatitude du grand jardin de sa baie d'or. Au bas de la colline, dans la direction inverse, la ville de **Contes**, ancienne cité bâtie sur un rocher, et enveloppée des plis grisâtres des vignobles où mûrissent, sur un sol pierreux, les vins renommés de Braquet.

Cette vieille chose morte, couronnant ce contrefort abrupt, où dorment tant de souvenirs, de carnage et de gloire, et qu'enserrent ces coteaux violets et roses, sur le fond de la magnificence immaculée des cimes neigeuses, tout cela fait vivre, pour une heure, dans la poésie merveilleuse et surannée de quelque ballade héroïque.

Dans la combe, à 25 minutes des ruines, s'ouvre la **Grotte de Châteauneuf**, d'un accès difficile, mais dont l'intérieur a de nombreux motifs de l'architecture naturelle de l'ordre des stalactites, qui se développent à l'infini, avec de curieuses combinaisons.

On peut redescendre sur Drap, ancien fief seigneurial qui fit partie des possessions des évêques de Nice, par des sentiers de montagne, au travers des collines

Ruines de Chateauneuf, près Tourette

argileuses, aux curieuses couches superposées. De Drap, si l'on dédaigne les voitures, on peut faire à pied, sur la route blanche et sonore, les neuf kilomètres jusqu'à Nice, cependant que le couchant allumera, sur les montagnes, en un cadre d'exquises pénombres, la magnificence de la forge céleste.

De Tourette, où nous retournerons après l'excursion de Châteauneuf, nous arriverons à **Levens**, ancienne place d'armes sous les Romains, qui eut une forteresse bâtie par les comtes de Provence, appartint, tour à tour, aux abbés de St-Pons, aux seigneurs d'Eze, aux Grimaldi, et fut détruite, en 1622, par ordre des ducs de Savoie. Il existe, dans le village, une pierre nommée *le Boutau*, placée en souvenir de l'expulsion du sanguinaire Grimaldi, seigneur de Levens, et autour de laquelle les habitants, le jour de la fête patronale, viennent danser la farandole, après l'avoir frappée du pied. Levens est fort rapproché de la ligne de Nice à Puget-Théniers, et, en une demi-heure, une belle route conduit, au flanc des montagnes, à **St-Martin** et dans la vallée du Var.

A quelque distance de Levens, et en se rapprochant de la Vésubie, la petite ville de **Duranus**. A 2 heures de celle-ci, sur un col escarpé, se trouvent les ruines superbes et immenses du château de **Roccasparviera**, qui donna jadis son nom au chef-lieu et sur lequel planent deux horribles légendes, dont la sinistre mémoire nous est parvenue à travers les âges. La première raconte que, dans ce castel, les deux petits enfants de la reine Jeanne furent tués, et que celle-ci y mit le feu, en disant :

> Roc, méchant roc,
> Un jour viendra
> Où plus ne chantera,
> Sur toi, poule, ni coq !

Cette histoire, assez invraisemblable, puisqu'il est prouvé que la reine Jeanne n'eut jamais d'enfants, s'efface devant la tragique grandeur et la mystérieuse épouvante de la terrible tradition que voici :

En 950 ap. J.-C., noble sire de Roccasparviera mourut ; ses deux fils, Antonio et Paolo étaient tous deux tendrement énamourés de la fille d'un seigneur voisin, la blonde Huguette aux yeux de pervenche. Antonio, l'aîné, fut préféré par la jouvencelle, les noces furent décidées et Paolo en conçut une jalousie de démon. Après le repas d'hyménée, somptueusement servi, où figurèrent, entr'autres mets, un sanglier et deux marcassins entiers, Paolo disparut, les yeux fous, disant à la femme de son frère: « Je vous rendrai un jour ce dîner de noces ! »

Des ans se passèrent, puis d'autres encore, jusqu'à ce qu'il y en eut douze. En ce temps, les Sarasins, fortifiés en le fraxinet de St-Hospice, dévastaient le pays, et leur chef était un guerrier de haute taille et qui combattait, cuirassé à la mode des chrétiens. Un jour, les mécréants firent soudain irruption dans le château de Roccasparviera, par un souterrain connu seulement des familiers de la maison. Tout le monde fut massacré, et le baron Antonio, en mourant d'une affreuse blessure qui lui traversa la poitrine, reconnut son frère Paolo dans le meurtrier. Celui-ci fit quérir la châtelaine qui, seule avait survécu, et lui dit: « Madame, je suis Paolo et je viens vous rendre votre repas de noces. »

Machinalement elle le suivit et s'assit à côté de lui. On apporta sur la table, garnie richement, un plat gigantesque recouvert d'un voile noir, et quand on eut enlevé ce voile, la châtelaine vit les cadavres de son mari et de deux de ses fils. La voix de Paolo s'éleva : « Madame, plat pour plat. Voici le sanglier et les deux marcassins! » La malheureuse devint subitement folle et s'échappa de la salle, en poussant des gémissements affreux. Son troisième fils était, lors de la prise du château, chez un paysan des environs, et il grandit dans l'espoir de la vengeance douce au cœur. Un jour que Paolo s'était égaré en chassant, un jouvenceau l'invita à venir se restaurer chez lui. Il accepta avec empressement; arrivé à la demeure de son hôte, le jouvenceau le quitta, puis revint peu après disant ; « Monsieur, le repas est prêt! » Paolo tressaillit: sur la table il y avait un cercueil recouvert d'un voile noir: « Je ne puis vous servir, dit le jouvenceau, un sanglier et des marcassins. » Ce disant, il enleva le voile et Paolo vit que le cercueil était vide. Sur un signal, des hommes armés apparurent, se saisirent de Paolo, l'enchaînèrent étroitement, le couchèrent dans le cercueil et le descendirent dans un cachot souterrain. Et pendant dix jours le jouvenceau allait lui présenter des quartiers de sanglier, lui disant: « Monseigneur, le repas est prêt! » Le onzième jour il mourut, et le jouvenceau fit murer le cachot. Puis il rassembla les habitants de la contrée, livra des combats acharnés aux Sarasins qu'il chassa, rasa le château de fond en comble et se rendit en Palestine, où l'on n'entendit plus jamais parler de lui.

Plus loin, sur l'autre rive de la Vésubie, c'est **Saint-**

UTELLE

Vallée de la Vésubie

Jean La Rivière, où prend naissance le canal de la Vésubie ; puis **Utelle,** vieille citadelle imposante, à l'affût sur un roc de 600 mètres, au pied du Mont-Brek, et qui a tout un passé de guerre et d'exploits.

En 1544, à la suite d'une bataille livrée en Piémont, entre les troupes de Charles-Quint et l'armée française, des Gruyériens se réfugièrent à Utelle dans les péripéties de la lutte, s'y fixèrent et apportèrent dans le pays la fabrication des fromages à la mode de Gruyère. Nous avons déjà vu que Utelle n'était pas très éloigné de la ligne de Nice à Puget-Théniers ; il communique, en 4 heures, avec la station de la Vésubie, par une nouvelle route qui longe les **Gorges de la Vésubie,** très pittoresques et extraordinairement accidentées.

En continuant la route vers le nord et en bifurquant à St-Jean La Rivière, à quelques cinq ou six kilomètres, on arrive à **Lantosque,** lieu de villégiature des Niçois, d'origine romaine, et qui a vécu, pendant tout le moyen âge, en république indépendante, jusqu'au jour où elle fut érigée en commune.

Falicon. — Le Mont-Chauve. — Aspremont. — St-Blaise (*Voir notre excursion de St-André, Tourette, etc.*). — De St-André, un sentier conduit à **Falicon,** vieille ville en amphithéâtre, qui a l'air de vivre, derrière son mur d'enceinte, en plein XVe siècle, alors qu'elle appartenait au belliqueux baron Coaraze. A 867 mètres au-dessus du village, se dresse la tête dénudée du **Mont-Chauve,** où surgit la coupe d'un fort moderne, qui est situé au fond de la cuvette de collines qui enveloppent Nice et d'où la vue plane sur tout le littoral, de Vintimille à St-Raphaël. Au bas de la montagne, la **Grotte des Chauves-Souris,** puits elliptique, dans lequel on descend au moyen d'échelles ou de cordes.

La Roquette sur Var

De l'autre côté du Mont-Chauve est la cité poussiéreuse et antique d'**Aspremont,** sur le coude de la route, qui, de Falicon, contourne la montagne. Encore là, l'évocation d'une époque de guerre, remparts massifs, tours branlantes, rues envoûtées et maisons affaissées sur la terre, en la crainte de quelque assaut.

Au-dessus d'Aspremont, à une heure et demie, près de la **Montagne de Coeur**, sur une colline de 800 mètres, les ruines échevelées d'**Aspremont Ville-vieille**, débris héroïques et superbes, et au-dessous, de fort belles grottes, profondes et sauvages, où sommeillent, quelque peu endommagés par des mains profanes, de monumentales stalactites. Aspremont correspond avec Tourette et Colomars par des sentiers à mulets.

La route continue jusqu'à **St-Blaise**, hameau blotti au pied du **Mont Costerousse**, et où se trouvait, à quelque distance, un castel qui fut longtemps le repaire des Sarasins.

Mont-Boron et Mont-Alban. — **Col de Villefranche** (*Tramway de la place Masséna à la place Cassini; de là, à pied, par la vieille route de Villefranche, ou par la nouvelle qui contourne le Mont-Boron*). — La nouvelle route longe les façades de charmantes villas, entr'autres, celle formidable et semblable à un véritable château fort, qui appartient au comte Gurowski de Wézèle, et domine la rade de son ornementation polychrome. A peu de distance, près le bureau de l'octroi, s'ouvre la route directe du Mont-Boron, qui, en une heure, conduit au **Col de Villefranche**, à travers les forêts de pins, qu'enserrent des bois d'oliviers, et dont l'oasis tranquille, aux émanations balsamiques, s'ouvre à peu de distance du tumulte mondain.

Les Sarasins eurent jadis un *fraxinet* au **Mont-Boron**; de là, une des étymologies de cet endroit, *Mons Mororum* (Montagne des Maures); une seconde version est qu'il viendrait du moine Bobon ou Boron, qui, aidé des Niçois, chassa les infidèles de leur repaire et établit contre eux une tour de vigie.

Un chemin qui côtoie la poudrière et une batterie, mène, en 20 minutes, au **Mont-Alban**, au sommet duquel est une forteresse déclassée, élevée en 1557, par Philibert-Emmanuel, sur les ruines d'un fort du Xe siècle, destiné à surveiller les Sarasins établis à Eze et à St-Hospice. La forteresse, campée fièrement au milieu des pins et des massifs de genêts, de poivriers et d'euphorbes, a, de près, l'air vieillot et suranné et laisse voir les rides de ses murs. La garnison de Villefranche fournit un soldat de planton pour la garde de ce fort, qui, le 19 avril 1744, fut le théâtre d'un combat acharné entre l'armée franco-espagnole et les troupes de Savoie, commandées par le marquis de Suze et qui coûta la vie à 10,000 hommes. On se battit avec un tel acharnement et une furie si grande, qu'à la fin de la journée, les soldats, n'ayant plus de munitions, luttaient à coups de pierre.

De cette hauteur, la vue sur les deux versants est d'un radieux développement ; c'est, d'un côté, la baie de Villefranche ; de l'autre, la baie des Anges, la haute mer emplissant l'horizon, tandis qu'avec le bleu des flots, contraste le bleu violacé des montagnes, l'Esterel, au loin et, plus près, le Mont-Chauve, le Vinaigrier, la Tête-de-Chien et une multitude de collines qui s'abaissent en des gammes d'une douceur infinie, dans leurs délicates atténuations. Etant allés par la voie la plus large, nous revenons par le col et l'ancienne route de Villefranche, qui descend rapidement à Nice, au milieu des jardins échelonnés en terrasses fleuries.

SOSPEL

Vallée de l'Escarène.— Col de Braüs.— Sospel.— Breil. — Saorge. — Peille. — Peillon. — Castillon (*Voiture. Station Café du Commerce, place St-François. Trajet 3 h. Départ 6 h. matin et 3 h. 30. Prix 1 fr.*). — On franchit les contreforts des innombrables collines qui entourent Nice, et après avoir traversé la **Trinité-Victor** et **Drap**, on descend à l'**Escarène**, qui est une jolie ville au couchant du Mont-

Braüs, sur le flanc du **Col Pisfolchier,** et que dominent les cimes du Pipandros, de Couolos et de Pivola. Il y a, dans ce canton, de nombreuses ruines de châteaux-forts, provenant des Romains et de la féodalité, ainsi ceux de **Luceram, Codelis** et **Castalet.** Une jolie promenade est de monter, en 2 h. ½, par une route accidentée, dans une nature de charmes très particuliers, au **Col de Braüs** ; la légende dit que l'un des capitaines d'Hercule, nommé Braüs, battit en cet endroit la tribu ligurienne de Vibères, et de ce fait donna son nom au col qui fut par la suite et comme voué aux épisodes guerriers, le théâtre de luttes acharnées entre les deux armées de France et de Piémont. Si l'on sort de l'histoire pour rentrer dans la réalité, on restera extasié, car le col est comme une entaille arrondie, aux déchiquetures crayeuses, par laquelle, dans le cadre des pins se découpant en taches vertes sur le terrain blanchâtre, apparaissent les lointains délicieusement étagés, nuancés des plus délicates demi-teintes, dont la palette va s'atténuant, des collines les plus rapprochées aux montagnes bleutées et à l'azur évanoui de la mer. On déjeune à la très proprette auberge du col et l'on descend sur **Sospel**, par la route de droite, ayant devant les yeux la vue exquise aux plans bleus et grisaille des Alpes de l'Italie.

Bientôt **Sospel** apparaît, ville importante jadis avec actuellement 4000 habitants, et dont on attribue la fondation au même Braüs, vainqueur des Vibères. Le nom de cette ville vient, dit-on, de *Sospes-*

tellus (maison de salut), à cause des franchises dont les condamnés jouissaient dans son enceinte. Lieutenance de la préfecture de Cimiez, les Romains l'avaient fortifiée; on y voit encore de vieux murs et la porte d'un château appelé Cortès; au-dessus, des col-

Vallée de Peillon

lines où les oliviers sont gracieusement échelonnés à intervalles réguliers, puis une crique de sommités, les monts **Charmette**, **Ventabren**, **Mille-Fourches** et **Agaisen**.

A l'est, c'est l'Italie et au nord le canton de **Breil**, dont le chef-lieu, **Breil**, près de la frontière, tire, d'après Dessaix, son nom de la bataille de Proelium, qui eut lieu entre Annibal et les Romains. C'est un territoire accidenté et fertile en pittoresques excursions. Au nord de Breil, **Saorge,** ville en amphithéâtre, dont Masséna, en 1794, fit sauter les fortifications. C'est dans cette ville que fut conduite la garnison du château de Nice, après sa prise, en 1706, par le duc de Berwick. Au sud, c'est **Peille**, au pied du **Pic de Baudon**, vieille ville aux ruines pittoresques et aux vestiges archéologiques très remarquables, et plus bas, **Peillon**, nid d'aigles sur un rocher, et dont chaque maison, en d'insensées superpositions, comme les degrés d'un escalier géant, a l'air d'une tour crénelée et rébarbative.

De Sospel, nous tournons dans la direction du **Fort de Barbonnet** et gagnons **Castillon**, ville d'origine mauresque, que le tremblement de terre de 1887 ruina et démolit presque entièrement et que ses habitants, effrayés, reconstruisirent à quelque distance, sur un terrain moins exposé.

De Castillon, c'est une course charmante de redescendre sur Menton, en contournant le **Mont Ours**, par une belle route de 15 kilomètres, qui serpente dans une gorge étoffée des richesses d'une opulente végétation. Sur les hauteurs, à droite, **Ste-Agnès**, hautaine sur un rocher à pic, et, à gauche, **Castellar**, perdu dans un bouquet d'oliviers et où subsistent les curieux vestiges de fortifications antiques. A mi-chemin de Castellar, le **Pont de l'Ora**, arche unique jetée sur une cascade et d'où, jadis, si l'on en croit les racontars des gens du pays, une bande de brigands précipitaient les corps des voyageurs, préalablement dévalisés avec soin.

BREIL

Le Mont-Vinaigrier. — Le Mont-Gros et l'Observatoire. — Les Quatre-Chemins. — Le Vallon des Myrtes.— La Route de la Corniche (*Voiture de la route de la Corniche jusqu'à la Turbie et au Laghet. Station : Comptoir du Soleil, Rue de la Tour, près le boulevard du Pont-Vieux. Trajet 4 h. Prix 1 fr. 25 — Pour le Mont-Vinaigrier, à pied, en prenant le tramway de la place Masséna à la place Risso, puis par la route de la Corniche et le chemin à droite, qui mène à la villa de la Tour*). — Le **Mont-Vinaigrier** fait suite aux collines du Mont-Boron et du Mont-Alban et surélève, à 350 mètres environ, ses trois sommets : le **Couteu** le **Castalet** et le **Vinaigrier.**

La **Route de la Corniche**, qui commence place Risso, contourne, d'un large ruban, le **Mont-Gros**, où est situé l'**Observatoire** de Nice, qui mérite une visite, soit par sa position au milieu d'un beau parc, avec une vue d'une éblouissante étendue, soit par les perfectionnements de son matériel. On y arrive par les sentiers de montagne ou l'ancienne route de Villefranche. Il fut construit, en 1880, sur les plans de M. Garnier, par M. Bichoffsheim, auquel il coûta un million et qui en dota la ville de Nice. L'un des pavillons est affecté aux observations météorologiques et magnétiques, et le second contient le grand Equatorial. Cette bâtisse carrée, de 26 mètres de façade, est en pierre blanche; elle est surmontée d'une coupole en fer, du poids de 160,000 kilos, bâtie par Eiffel, qui est flottante sur un bassin de forme circulaire et peut se mouvoir dans tous les sens, au moyen d'un poids de quelques livres, afin de faciliter les observations. Le grand Equatorial est un des plus gros télescopes du monde, avec celui de l'Observatoire de Lick, sur le Mont Hamilton, en Californie ; il a 18 mètres de long, sa lentille a 76 centimètres de diamètre et il a coûté une centaine de mille francs. Dans un troisième pavillon sont la grande et la petite méridienne et le petit Equatorial, qui a 38 centimètres d'ouverture, et, dans d'autres annexes, l'Equatorial coudé de 40 c., permettant des observations spéciales au moyen de deux miroirs, les Laboratoires de physique et de chimie et la spectroscopie.

Le directeur y a fait d'importantes découvertes, entr'autres celles relatives à la planète Mars, et de nombreux savants sont venus y scruter les arcanes célestes. Citons MM. Thollon, Charlois, Javelle, Jabely, Simonin, Colomas, Giacobini et Prim. Le service météorologique et magnétique est actuellement confié aux soins de MM. Auvergnon et Santapié.

Contournant le Mont-Gros, la route de la Corniche conduit aux **Quatre Chemins,** d'où une route, qui passe par le coquet **Vallon des Myrtes,** frais écrin, contenant les trésors d'une flore rare, aboutit à la route de Monaco, près de la gare de Villefranche. Au-dessus des Quatre Chemins, le **Mont-Leuze,** ou **Pacanaglia** (567 mètres), au sommet désolé et aride lequel conduit, en une heure, à une gorge pittoresque. Là, le fort du **Ladret** dissimule ses énormes épaulements.

La **Route de la Corniche,** dont nous foulons le sol sonore, a été construite, pour toute la partie comprise dans les Alpes-Maritimes, par Napoléon Bonaparte, de 1803 à 1805, sur le tracé probable de la voie Aurélienne; elle s'élève peu à peu sur les sommets de la Turbie, dallée et bombée, avec une belle majesté et une ampleur superbe, qui évoque les anciennes voies romaines, descend à Menton et gagne Vintimille après avoir enjambé le pont St-Louis. En 1828, le roi de

Piémont, Charles-Félix la prolongea jusqu'à Gênes par Oneglia et Port-Maurice. Obéissante aux caprices et aux inflexions de la côte, elle s'abaisse ou s'élève, chevauchant de son lacet blanc, éclatant dans les revêtements rouges des rocs de la montagne qui, du rivage, s'arrondit en courbes opulentes et verdurées, s'aiguise ou se dénude en aspérités tourmentées. Comme toutes les routes napoléoniennes, elle est une merveille de construction et son tracé audacieux, de dix-sept kilomètres, aux hardies surplombances, enserre la montagne, ses abimes et ses parois abruptes comme un caparaçon d'argent. On a des visions éblouissantes de plages, où la mer mordorée écume avec des frissons soyeux et des remous diamantés sous l'éperon des vaisseaux, au pied des verdures smaragdéennes, sur les rocs de porphyre, lac profond d'oubli aux immensités mystérieuses, où la pensée s'envole et s'annihile délicieusement.

Partout, dans les feuillées blondissantes ou hissées sur les contreforts, des villas éparses comme les perles d'un collier rompu ou de vieilles villes grimpées sur des rocs, dans un bain de lumière tiède ; puis, au bas, c'est **Beaulieu** et ses palais orientaux, le promontoire dur du **Cap-Ferrat,** allongé sur l'onde scintillante comme un monstre endormi, et, très loin, le diadème vermeil des montagnes de la Corse, sortant des eaux comme une conque miraculeuse.

A gauche, bastionnés et fichés dans les escarpements, toute une ligne de forts et de batteries, la **Drette, le Feuilleries** et la **Revère,** et au bord de la montagne, à droite, dans une position formidable, le terrible fort de la **Tête-de-Chien**, qui surplombe Monaco.

La Turbie. — **Notre-Dame de Laghet** (*Voiture: Station Comptoir du Soleil, rue de la Tour, sur le boulevard du Pont-Vieux. Trajet 4 h. Prix 1 fr. 25. Funiculaire depuis Monaco*). — **La Turbie** est située à l'extrémité de la Route de la Corniche; on y arrive également par le petit funiculaire à cremaillère, système Riggenbach, qui aboutit à un hôtel de style composite, d'un gracieux effet, réputé par l'excellence de ses menus et où les jolies mondaines vont réparer les fatigues de Monte-Carlo. Cette position, d'un coup d'œil éblouissant et de laquelle on voit distinctement, par les temps clairs, les hautaines dentelures neigeuses des montagnes de la Corse, domine les délices fleuries et les splendeurs monumentales du Casino de Monte-Carlo et les toits pressés de Monaco, la vieille ville emmantelée de pierre sur son rocher. La Turbie est située entre les deux puissants forts de la **Tête-de-Chien** et du **Mont-Agel**, dont les batteries protègent une formidable étendue.

A quelque distance de l'hôtel, refuge du monde copurchic, qui déguste l'or du Moët dans le bleu de l'azur, se dresse une ruine de gigantesques proportions, fière encore et superbe, malgré son pourpoint de haillons et ses loques de pierres. La Turbie fut une ville où naquit jadis l'empereur Pertinax, et ces ruines ne seraient autre chose que celles du fameux

Trophée qu'Auguste éleva pour célébrer sa victoire sur 45 tribus liguriennes, et dont parlent les historiens, et particulièrement Pline, dans son *Histoire Naturelle*, III, 24.

Les savants se sont livrés à d'interminables discus-

Trophée d'Auguste à la Turbie

sions contradictoires sur l'emplacement de ce Trophée, que quelques-uns ont placé à Aoste et d'autres à Suze; mais les probabilités sont en faveur de la Turbie, ainsi que son étymologie présumée paraît le confirmer, Gioffredo l'attribuant à Trophea, puis *Torpia* ou *Turbia*, corruption vraisemblable de *Tro-*

phoea Augusti. Toutefois, mentionnons une autre étymologie, *Turris in via* (Tour située sur le chemin), à laquelle se rattachent plusieurs géographes. On a recherché à retrouver par induction, et grâce à de nombreux débris recueillis, les formes primitives de ce monument et un dessin en a été donné dans le *Théâtre des Estats de S. A. R. le Duc de Savoye* (La Haye, 1700).

D'après le comte de Cessoles, la base du monument était carrée et avait 230 pieds de chaque côté ; au-dessus s'élevait une autre partie carrée, d'un travail plus soigné et de dix pieds moins large ; plus haut, l'édifice affectait une forme ronde, était orné tout autour de colonnes ou de piliers, dans un périmètre de 100 pieds et couronné par la statue d'Auguste, écrasant du pied les Liguriens vaincus. Le Père Antide Boyer, de l'ordre de St-François, en fit, en 1575, une description, d'après laquelle on suppose que la statue était haute de 18 pieds. D'autres auteurs nous apprennent que le trophée avait un revêtement de marbre, des bas-reliefs, des corniches, des statues, et qu'au sommet une coupole en marbre supportait la statue de l'impérial triomphateur.

Le Révérend Père Abel de Ste-Thérèse va même jusqu'à affirmer que la tête seule d'Auguste mesurait presque 22 pieds de hauteur. L'inscription, que Pline rapporte, était gravée en lettres d'or sur une table de marbre ; chaque lettre avait 36 centimètres de haut, avec un intervalle de 9 centimètres d'une ligne à l'autre, tandis que les lettres des mots énumérant les peuples vaincus n'avaient que 19 centimètres. Divers fragments ont permis de reconstituer et de vérifier cette inscription, ainsi conçue :

« A l'Empereur César, fils du divin César Auguste, grand pontife, proclamé empereur pour la quatorzième fois, en jouissance, pour la dix-septième fois, de la puissance tribunitienne, le Sénat et le Peuple Romain! Parce que sous sa conduite et sous ses auspices, tous les peuples Alpins, depuis la Mer Supérieure jusqu'à l'Inférieure, ont été soumis à l'Empire romain ».

Suivent les noms des peuplades vaincues :

Les Trumpilins, les Camunes, les Venostes, les Vennonètes, les Isarces, les Breunes, les Genaunes, les Focunates, quatre tribus Vendéliciennes, les Cossuanètes, les Rucinates, les Licates, les Cateunates, les Ambisontes, les Rugusces, les Suanètes, les Calucones, les Brixénètes, les Lépontiens, les Uberiens, les Nantuates, les Sedunes, les Varagres, les Salasses, les Acétavons, les Médulles, les Ucènes, les Caturiges, les Brigiens, les Sogionces, les Brodiontis, les Nemalones, les Edénates, les Esubiens, les Veamines, les Gallites, les Triubates, les Egdines, les Vergunnes, les Equitures, les Nementures, les Oratelles, les Nérusiens, les Vélaunes et les Suétriens.

Le temps effrita peu à peu les splendeurs du Trophée ; la mémoire d'Auguste se perdit au tournant des siècles, sa statue s'en alla en débris et peu à peu les Ligures vengèrent la défaite de leurs pères. Sur l'édifice triomphal, avec ses propres pierres, on éleva contre les Sarasins, une forteresse que ceux-ci démolirent à leur tour. Des fragments furent employés à l'embellissement de la cathédrale de Nice, devenue en 1520, l'église du château, et détruite en 1706; ainsi le marbre de la gloire païenne se patina sous la fumée des encens, dans la pénombre mystique d'une chapelle; d'autres sont mentionnés dans d'anciennes descriptions, mais on ne sait ce qu'ils sont devenus; plusieurs ont été acquis et emportés, il y a quelque cinquante ans, par le Prince royal de Danemarck, d'autres encore enrichirent vingt musées, qui conser-

Monument d'Auguste à la Turbie
transformé en forteresse au moyen âge
(état antérieur à la destruction partielle de 1705)
(Cliché appartenant à l'ouvrage: *Monaco, ses origines et son histoire*, par Gustave Saige).

vent ces lettres géantes, comme creusées avec un glaive, ou servirent à édifier le village actuel de la Turbie. Enfin, en 1705, l'armée française, commandée par le maréchal de Villars, éventra par la poudre la ruine superbe et creva le monument de gloire et d'orgueil des lamentables plaies, par où, résigné, il perd ses entrailles de pierre.

Le sanctuaire de **Notre-Dame de Laghet** est situé à 2 kilomètres 1/2 de la Turbie et à 2 h. 1/2 du village de la **Trinité-Victor,** où conduit une route carrossable, très pittoresque. Ce nom de Laghet vient, probablement, de *lac*, parce qu'il y avait là, jadis, un lac formé par les dépressions du sol et dans lequel les eaux, suivant leur pente naturelle, se donnaient rendez-vous en temps de pluie.

Une légende raconte le fait suivant, extrait des papiers de l'ancienne famille Fenogli, de Vintimille. Un jeune homme de cette ville, chassant près du Laghet, atteignit, en tirant un oiseau, une espèce de niche, non loin d'un vieux mur, dans laquelle était peinte l'image de la Vierge. Il s'aperçut que le plomb avait frappé la Vierge au sein et que, de ce sein, sortait du sang. Epouvanté à l'idée de ce sacrilège, il se retira chez lui, bourrelé de remords.

Le sanctuaire actuel est célèbre depuis 1650, époque à laquelle une dame de Monaco, nommée Casanova, condamnée par les médecins, fut radicalement guérie, après avoir invoqué la statue de la Vierge. Le fait connu, l'enthousiasme qu'il provoqua fut tel, qu'au mois de mars 1653 et aux fêtes suivantes de la Pentecôte, il y eut une affluence si considérable de fidèles, que, suivant l'expression du Père François de Sestri : « le rocher de Laghet ressemblait moins à un rocher qu'à une mer sortie de son lit. » On y compta, en novembre de la même année, plus de 36 processions, dont la plupart de 5 à 600 personnes et plusieurs de 1500 à 2000 pèlerins. Sur la chapelle primitive s'éleva une église, qui fut inaugurée en 1656.

Cet édifice, comprenant église, cloître et couvent, du style de la Renaissance italienne, avec des chapiteaux d'ordre composite et un campanile rougeâtre, est un cube trapu de couleur claire, aux apparences de manoir fortifié, qui s'élève au milieu de collines pierreuses et de mamelons d'oliviers. Sous son péristyle, sont accrochés d'innombrables ex-voto, tableaux miraculeux et béquilles rendues inutiles par la grâce irrésistible de la Madone de ces lieux.

Notre-Dame de Laghet est debout dans sa niche, creusée au-dessus et en arrière du tabernacle. La réputation de ce sanctuaire s'est maintenue ; chaque année, aux fêtes de la Trinité, de St-Pierre et du Rosaire, plusieurs milliers de pèlerins et de malades s'y rendent, en grande instance de guérison, et c'est, par toute la contrée, une invasion de boiteux, de paralytiques, de manchots, d'aveugles et d'estropiés de tous genres, à faire envie à la Cour des Miracles, de truande mémoire, et à tenter le pinceau des Goyas modernes. Une inscription, placée sous l'entrée du porche, rappelle que, le 26 mars 1849, le malheureux roi Charles-Albert, après la défaite de Novare, passa, à Notre-Dame de Laghet, avant son départ pour l'exil, sa dernière nuit sur la terre de ses ancêtres, après avoir, par la communion: « pardonné les injures et s'être recommandé à la destinée. »

Villefranche (*Station du P.-L.-M. Voitures: Station place St-François. Trajet 20 minutes. Breacks à volonté. Prix: 0.30 c.*). — Tandis que la route de la Corniche s'élève sur les collines, dont les croupes ondulent au bord de la mer, la route de Nice à Monaco suit, plus fidèlement, la courbure des grèves, et, dédaigneuse de l'azur des cieux, s'abaisse, en d'opulents replis, vers l'azur des flots. Nice, du côté de Villefranche, s'achève en une jonchée délicieuse de villas, dont les jardins, minuscules Babylones fleuries, font de la grande voie une allée où défaillent les parfums et s'exaltent les couleurs. Sur les hauteurs de Mont-Boron et vers le Tir aux Pigeons, la route s'élève en une terrasse merveilleuse, puis elle tourne et, soudain, en une majestueuse perspective, apparait la large baie de **Villefranche**. C'est d'abord une batterie, le Lazaret, l'ancien bagne et l'Arsenal, puis, en avant des quais, la **Tour de la Santé**, débris abandonnés des anciennes fortifications, et le **Fort**, qui surélève sur les flots ses bastions démodés. **Villefranche**, qui compte 3900 habitants, est serrée entre la mer et les contreforts des montagnes, avec des maisons qui montent les unes contre les autres, en degrés d'escalier et semblent se presser autour de l'église, de style italien, à la lourde façade Renaissance, d'une orne-

Rade de Villefranche-sur-Mer

mentation chargée. Le Cap-Ferrat et ses batteries d'artillerie défendent, avec la nouvelle batterie de la rive opposée, la plus superbe rade que l'on puisse rêver, qui a été, depuis 1814, le seul port militaire de la maison de Savoie. Elle est d'une superficie de 3,467,000 mètres carrés, sur lesquels 1,380,000 environ forment un mouillage de premier ordre.

Une ancienne tradition, commune d'ailleurs avec Gibraltar, dit qu'Hercule avait, de ses bras monstrueux, éventré le rocher pour en faire une baie. Les Phéniciens fondèrent, à peu de distance de l'emplacement actuel de Villefranche, une ville nommée *Olivula*, qui fut anéantie par les Sarasins. En 1295, Charles d'Anjou jeta les fondations de Villefranche, que peuplèrent, en partie, les anciens habitants d'Olivula; il l'appela *Cieuta Franca* (*Cité-Libre*), à cause des privilèges commerciaux qu'il lui accorda. En 1543, elle eut à subir de grands ravages du terrible Barberousse, amiral de la flotte turque et allié du roi François Ier, mais fut réparée et fortifiée par Emmanuel-Philibert, qui éleva, en 1557, les trois forts de Villefranche, du Mont-Alban et de St-Hospice.

St-Jean. — St-Hospice. — Cap-Ferrat (*Station P.-L.-M. Villefranche, de là 2 ½ kil. Voiture: Station 28, boulevard Mac-Mahon. Trajet 45 min. Prix 0.60 c.*). — A dix minutes de la grande route de Villefranche, un chemin blanc se détache, à droite, sur la verdure maladive des oliviers, rampe le long des terrasses, dévoile la vue douce et exquise d'un paysage virgilien, du bleu et du vert noyé, des teintes lavées, un horizon fuyant, des montagnes boisées ou sauvages, des villas coquettes perdues dans les merveilles d'une chimérique végétation. La mer est très basse, dans les petites criques, et ses lames et ses vagues courtes se couvrent de stries lumineuses et frissonnantes, comme si l'eau était rayée par le frôlis d'invisibles poissons. En une demi-heure, on atteint **St-Jean**, petit village de pêcheurs, rose et blanc, orné d'un clocher qui ressemble à un minaret, et réfugié au fond d'une crique où le thon échoue, à époques régulières, comme une marée fructueuse. Au loin, de tous côtés, la mer, immensément bleue, et la côte, que le soleil argente, sur son rocher. **Eze,** la mystérieuse, campée en face de l'horizon infini, avec l'énigme de son histoire et de sa fondation. A dix minutes, la tour trapue de **St-Hospice,** dans les taillis épais que forment les bruyères et les myrtes. La légende de ce lieu est curieuse :

St-Hospice était un ermite qui vivait au IVe siècle de notre ère et menait une vie toute remplie de disciplines et de jeûnes. Les Lombards, qui pillaient la contrée avec le soin que nous savons, vinrent, et le prenant pour un avare, voulurent le forcer à leur dévoiler la cachette où étaient ses trésors présumés ; l'ermite protesta, et l'un des barbares leva sa hache pour le frapper : ô miracle, son bras reste levé et se sèche. Les Lombards, effrayés, deviennent de timides catéchumènes que St-Hospice baptise sur-le-champ, et une chapelle s'élève sur le lieu du miracle.

Plus tard, les Maures établirent là un donjon, appelé le Petit-Fraxinet, d'où ils dévastèrent la contrée, jusqu'au moment où Gibalin, à qui le comte de Provence donna la seigneurie de Grimaud, les en chassa, en 977. St-Hospice servit d'asile aux Templiers, chassés de Rhodes par les Turcs, en 1527, et le Grand-Maître, Villiers de l'Isle-Adam, y proclama leur établissement, par un manifeste daté du 8 octobre 1527; ils n'y restèrent que deux ans, Charles V leur ayant cédé l'île de Malte, qu'ils préféraient. En 1557, Emmanuel-Philibert bâtit à St-Hospice un château, que Berwick détruisit en 1706 et dont il ne laissa que la tour robuste, que l'on y voit, entourée de murs effrités, livrés au travail mystérieux de la restauration de la nature. Peu à peu, les genêts, les lierres, les thyms et les aloès couvrent ces murailles, géants renversés, qui s'égayèrent de si belles orgies et étouffèrent de si lamentables agonies. Près de la tour, une chapelle plus que rustique, qui doit abriter une foi bien naïve, et fut bâtie par Victor-Emmanuel; plus bas, un cimetière endormi dans les roses.

Le **Cap-Ferrat** arrondit sa carapace bossuée dans la direction de Nice; on y va, de St-Jean, en dix minutes; il tire son nom de gisements de fer, dont parfois on rencontre des traces visibles. La très belle villa Pollonais s'y blottit dans les oliviers ; à quelque distance, on se trouve dans un jardin public, où frissonne un coquet lac bleu, en une enceinte d'eucalyptus et de roses, encadré de rocailles et bordé d'aloès, avec des motifs de cascades et de grottes, le tout établi par la Compagnie des Eaux de Nice. A l'extrémité du cap, une batterie et un phare de 2ᵉ classe, haut de 68 mètres, d'une portée de 33 kilomètres et qu'il est impossible de visiter, on ne sait trop pourquoi. Près de là, le tombeau d'un jeune Anglais, mort d'amour, dit-on. Negrin prétend que cet Anglais, qui s'appelait Charles Best, ne put être emporté de Nice que par fragments embaumés, à cause de l'interdiction qui défendait à cette époque de sortir du comté le cadavre d'un protestant, et que, dans la tombe, il n'y a que ses entrailles.

On peut rentrer à Villefranche, par une fort jolie route, longue de deux kilomètres environ, et qui circule dans des champs de roses, de chrysanthèmes et d'orangers, pendant que la mer coule, dans le golfe, un mobile ruissellement d'argent et, au-delà des frissons pâlissants des oliviers et des ondes d'or des citronniers, semble une moire métallique en fusion, sous l'haleine rude du mistral.

C'est près de là, qu'en 1557 le duc Emmanuel-Philibert faillit être capturé par une troupe de corsaires sarasins commandés par Ochiali, rénégat calabrais. Celui-ci fit prisonniers plusieurs seigneurs de la suite du duc et exigea, en outre d'une rançon de 12,000 écus, d'être présenté à la duchesse et de lui baiser la main. On accéda à sa demande, et le pirate baisa fort galemment, du reste, la main... d'une des dames d'honneur de la duchesse, revêtue, pour la circonstance, des habits de sa souveraine. De dépit, Ochiali se laissa pendre l'an suivant.

Beaulieu (*Station P.-L.-M.*). — De Villefranche, la route se glisse, accrochée comme un blanc ruban de soie, au pied des falaises rouges, qui semblent brûler sous le soleil et que calme, seule, la feuillée rafraîchissante des oliviers et des pins. Elle est bor-

St-Hospice et Beaulieu

dée de haies de géraniums et d'aloès et comme en fête, enguirlandée des délices végétales de la terre grasse et féconde, pour arriver à l'Eden de **Beaulieu**, surnommée la petite Afrique. C'est une idéale station, protégée par les hauts bastions du roc lumineux, en sa floraison infinie de dentelles de pierre, pendant que la voûte cendrée des oliviers se referme sur les émanations troublantes, aux effluves musqués, des jardins et des vergers. La plupart des villas, d'une coquetterie féminine, sont construites en style mauresque, avec des terrasses aux trèfles blancs, aux délicates voussures, découpées et incrustées de multicolores céramiques ; autour d'elles s'étale la parure royale de parterres et de bosquets, de la plus irréelle invraisemblance, dont les violettes sont les herbes, où la nature méridionale détonne de la plus fougueuse de ses splendeurs et à travers les frondaisons desquelles la mer fuit comme un songe d'azur. Les rochers de porphyre, semés de chênes-verts et d'eucalyptus, descendent, avec de hautaines armures de pierre aux reflets de métal, que le soleil embrase de toutes ses ardeurs fauves, en rut de chaleur et de lumière. A peine, entre eux et les flots, blanchis des soieries de l'écume, un liseré de terre tiède et fine, jardin minuscule, où éclate la royauté tendre d'une végétation de fièvre. Les champs, où l'on cultive d'énormes violettes de Parme, presque noires, nimbent les derniers contreforts d'une double auréole de couleurs et de parfums. Les oliviers ont pris là des dimensions de géants ; deux d'entre eux, qui ont abrité des siècles dans leur chevelure d'argent, tordent, à quelques cents mètres de la gare, des troncs trapus et caverneux, dont la circonférence mesure de 7 à 8 m.

Eze (*Station P.-L.-M.*). — De la route, et des joliesses fleuries de Beaulieu, on gagne la contrée plus sauvage et plus pittoresque d'**Eze**, plantée de pins et de caroubiers, d'une admirable verdure, sur le sol dur d'une grandiose étagère de rochers gigantesques. Par un sentier qui contourne la muraille naturelle et longe une gorge profondément entaillée, on arrive au village d'**Eze**, qui a 150 habitants et vit perdu dans la contemplation du ciel et de la mer. En avant du village, les murs d'une vieille tour d'approche et la gueule édentée d'un antique souterrain effondré, Eze est un repaire fiché sur un roc hardi, au sommet de fières ruines brûlées de soleil, à pic, et qui semble vouloir se hausser encore dans l'azur; la vue a, soudain, une envergure énorme et la mer s'étale à l'infini, formidable et charmante, avec les plaques frisonnantes de ses lapis-lazuli et de ses verts Véronèse, que les crépuscules glacent délicieusement d'argent liquide. Au loin elle se mêle au ciel ; les oiseaux sont des voiles légères et les vaisseaux de gros oiseaux gris. Toutes ces ruines ont un caractère sauvage, que la nature accentue encore. L'origine d'Eze se perd dans les ténèbres des temps ; on fait venir son nom d'Isis, la déesse égyptienne, dont le culte se retrouve dans de nombreuses stations de la Méditerranée, mais cette étymologie, trop facile, paraît peu vraisemblable, et nous préférons celle de *Visia* ou *Avisium,* noms donnés par les Romains aux postes et observatoires élevés. On croit que César fortifia Eze, possédée longtemps par les Sarasins ; à la fin du XIIIe siècle, le doux troubadour Blacas était seigneur d'Eze, qui appartint, par la suite, à Bertrand Richieri, de Nice. En 1543, les hordes de Barberousse lui donnèrent un assaut furieux et pénétrèrent dans le château par la *Porte des Maures*, que l'on montre encore aujourd'hui ; selon leur peu louable habitude, ils mirent tout à feu et à sang. L'église d'Eze a possédé deux tableaux, une *Descente de la Croix* et un *St-Jean*, dont le peintre David fit cadeau au curé, pour le remercier de l'accueil reçu de lui, un jour qu'il se réfugia à Eze, chassé par l'orage, en compagnie de deux de ses élèves. De mauvais soins ont laissé ces toiles précieuses se détériorer complètement. Eze eut des rapports avec le diable, voici comment :

Les paysans murmuraient d'avoir à faire le long détour accidenté qui menait du village à l'église, située à cette époque, de l'autre côté du ravin ; Satan, toujours à l'affût, leur offrit de bâtir une gigantesque passerelle, à condition qu'on lui donnerait la première âme vivante qui la traverserait. La passerelle fut bâtie en une nuit, pendant que la tempête rugissait dans la montagne. Le matin, la foule des paysans arrive : le diable attendait, assis sur le tablier du pont. Un paysan, malin, fit rouler sur le plancher une meule de fromage, après laquelle courut son chien. Satan dut se contenter du malheureux quadrupède, qu'il happa en hurlant de rage, et disparut au milieu du plancher par un trou, d'où monta un tourbillon de fumée et de flammes. Les paysans se réjouirent fort de ce stratagème, mais personne ne parvint jamais à franchir l'ouverture béante et rien ne put boucher

Eze entre les Pins

la brèche infernale. Force fut de démolir le pont et il en coûta plus de temps qu'on en aurait mis à le construire avec des maçons, dont les mains n'auraient pas senti le souffre.

D'Eze, on peut rejoindre la grande route de la Corniche par un charmant chemin, au travers des oliviers, des figuiers et des amandiers, qui serpente sur le flanc du **Mont-Bastide** et en une heure on se trouve aux **Quatre-Chemins**, d'où l'on est éloigné de Nice de six kilomètres. Avant d'arriver à Monaco se trouve **La Turbie-sur-Mer**, jolie station d'étrangers, qui accroche au flanc du roc ses gradins de verdure et de fleurs.

La Turbie-sur-Mer

CHAPITRE VI

Principauté de Monaco. — Histoire. — Descriptions. Monte-Carlo.

Au sortir de l'obscurité enfumée d'un tunnel, qui ouvre, dans le flanc rouge de la montagne, sa large bouche noire et baillante, le rocher de Monaco se dresse soudain, dans un brusque coup de lumière, énorme, tourmenté, majestueux, jeté dans le sein de saphir de la mer, par la main d'un Ephialte quelconque, à l'escalade d'un ciel légendaire. Et quand, arrivé en gare, un employé crie, de sa voix dolente : « Monaco, cinq minutes d'arrêt », toutes les têtes se mettent à la portière, étonnées, avides de voir, avec une lueur de curiosité dans les yeux. On ne résiste pas : « **Monaco!** » il faut voir ce fameux Monaco. Et l'on regarde et l'on voit une place grouillante de monde, des maisons blanches sous un toit plat en briques rouges, un coin de mer qui frémit au loin comme un drapeau d'azur, des palmiers, des orangers couverts de fruits, de jolies villas, avec des jardins en fleurs et, au-dessus, comme le contraste vivant de deux âges, la vieille ville de Monaco, couvrant le rocher à pic de ses tours, de ses rampes, de ses mâchicoulis, de ses créneaux, de sa ceinture de murailles altières, somnolente, assoupie, avec un air de guerrier fatigué, qui se repose des batailles de jadis, ainsi que le chante le poète Jules Méry :

> Accroupi sur la mer comme un monstre lassé.
> Le vieux rocher des Grimaldi songe au passé.

MONACO, bâti sur le sommet de son roc solitaire, est une petite ville textuellement moyen âge, aux rues étroites à toucher les murs des deux mains, pavées de briques, assombries d'arcs-boutants, et dont les maisons surplombantes ont de profondes allées, sur le fronton desquelles un artiste mystique a sculpté, dans la pierre patinée par les siècles, des ecclésiastiques, aux prises avec les Malacodas ou les Farfarellos d'un enfer imaginaire. Tout est si froid, si monacal, si solennel qu'on se figure parfois entendre de lentes psalmodies balbutiées par des lèvres ivoirines, ou des liturgies susurrées, on ne sait où, dans l'ombre froide de quelque chapelle, qui cèle de vagues agenouillements et les affaissements de douleurs inconsolées.

Sur un des côtés de la ville s'élève la cathédrale, placée sous la protection de l'Immaculée Conception, dont le Prince entreprit la reconstruction ; elle est de style néo-roman, avec une abside décorée d'une mosaïque inspirée de St-Marc et de Ste-Sophie, et dans sa crypte sont les restes de vingt-six princes et princesses de la dynastie.

Après avoir passé sa masse monumentale qu'entoure une gaine de statues et de colonnettes, on se trouve soudain baigné de lumière, en une atmosphère tiède de parfums, dans ce paradis qui s'appelle les **Jardins de St-Martin**. Ce parterre incomparable doit son origine à Honoré V et à un moine franciscain, Baptiste de Savone, qui en créa la flore. Ce sont, parfois, des allées qu'on dirait pavées de jaspe et qui filent, régulières, entre deux haies de géraniums géants, de chrysanthèmes monstrueux, de lauriers, de saxifrages, de mimosas, de rosiers, de caroubiers tout en fleurs et d'un vert de jeunes pousses ou s'enfoncent sous les lilas, les pins, les eucalyptus, dans une soudaine fraîcheur de bosquet, puis, tout à coup, deviennent des sentiers rocailleux, qui descendent dans les aspérités et vous transportent dans une gorge énorme, ouverte au flanc du rocher et à pic sur la mer. Là, c'est l'Orient absolu, l'exotisme qui commence. Le soleil incendie les arêtes aiguës de la pierre, embrase et semble faire palpiter cette terre rouge et grasse, tapissée d'une végétation de forêt vierge, qu'on sent pousser dans un trop plein de sève et autour de laquelle s'exhale, immense et continu, le bourdonnement d'insectes affolés de lumière, qui butinent autour d'une foule de fleurs gigantesques et étranges, aux parfums de serre, aloés: joubarbes, cactus, nopals, ficus, toute une floraison vivace, ardente, semblable à un pullulement d'animaux aux

Ville de Monaco

formes chimériques. Au-dessous, les hautes murailles avec leurs tourelles quadrangulaires aux calottes ardoisées, sur le rocher vertical qu'escaladent, comme une armée de crabes, les figuiers de Barbarie aux feuilles grasses, rondes, épineuses, enchevêtrées ; puis au bas, dans un gouffre, la mer mouvante, d'un bleu de rêve, sillonnée des virgules blanches des albatros, qui s'en va en pâlissant jusqu'aux teintes mourantes, si tendres, de l'horizon vague, au bord de la ligne verte, tranchée du grand large. Seuls, la haute cheminée, les bâtiments couverts de briques rouges, de l'usine d'électricité et le soufflet fatigué d'une machine à vapeur empêchent de se croire dans quelqu'un de ces pays fabuleux, où l'homme ne peut pénétrer que sur l'aile des rêves et où, seul, le tigre, couché dans les lianes géantes, ouvre, sur la tranquillité de l'éternelle solitude, ses yeux immobiles, lumineux, à l'énigmatique regard.

Des allées, toutes pavoisées de fleurs, et de petits chemins de ronde criblés de soleil, aux méandres tortueux, conduisent sur la grande place, devant le **Palais du Prince** ; sur une terrasse, où se dresse, près d'une fontaine, le buste en marbre blanc du prince Charles III, de longs canons de bronze, verdis et superbes, allongent leurs gueules qui ne crachent plus les tonnerres; sur la plupart de leurs croupes d'airain est inscrite la peu philosophique inscription: *Ultima ratio regum*; et au-dessous : *Louis-Charles de Bourbon*, comte d'Eu, duc d'Aumale. De l'autre côté de la place, sur les bastions dominant la Condamine et Monte-Carlo, des mortiers trapus et des tas de boulets ramés. Il faut s'accouder, vers le soir, sur ce rempart et rêver. Les rougeurs ardentes du crépuscule revêtent d'une splendeur inouïe les hautes murailles, les tours carrées, les bastions massifs, les parapets monumentaux, les corps de gardes crénelés, où les herses montrent encore leurs crocs rouillés ; puis, plus bas, après la dernière barbacane, la foule bariolée, dans un désordre de va-et-vient insouciant et pittoresque; ce tableau baigné de lueurs évanouies, a quelque chose de triomphal ; il semble que, dans ces reflets d'apothéose, vont transparaître les héros des temps passés, les ancêtres du Prince, ces Grimaldi chevaleresques, dont.,.

l'essor de conquête épouvantait les cieux,

et que, soudain, au milieu du fracas des destriers caparaçonnés et des luisantes armures froissées, au son des fanfares joyeuses, ils vont tous revenir, les Grimaldi qui ont bataillé pendant des siècles contre tous les peuples : Français, Sarasins, Espagnols, Génois, Vénitiens, toujours en route, en expéditions, reprenant, sur leur rocher, nouveaux Antées, des forces nouvelles, courant le monde en chevauchées fabuleuses, comme si leur devise, *Deo Juvante*, leur assurait une merveilleuse impunité, emplissant la terre du tumulte de leurs armes et l'histoire de la magie de leurs exploits et de leurs hauts faits, éblouissants comme des ballades, *bien connus dans toute la chrétienté pour leurs vertus militaires*, dit le pape Clément VI, corsaires, héros, courtisans, preux, évêques, capitaines, amiraux, race de faste, d'héroïsme et de triomphe, qui a vécu plus violemment et plus passionnément qu'aucune autre, pour aboutir au Prince Albert, à cette très moderne et très bienveillante physionomie de prince savant, dernier féodal, égaré en notre prosaïque fin de siècle, qui se renferme, en un milieu de science et d'art ou s'en va, au loin, hors du monde, sur son yacht, *Princesse Alice*, en d'aventureuses et d'interminables croisières, à la recherche de ce problème ardu, la science pure, l'abstraite et l'obscure science, faisant succéder, aux héroïques chevauchées et aux brillantes conquêtes ancestrales, les discrets et la borieux triomphes de l'Académie des Sciences.

L'histoire de Monaco est une éblouissante épopée. La légende dit qu'Hercule, revenant d'Espagne combattre Géryon, franchit les Alpes-Maritimes, y construisit une route, la voie Herculéenne, et fonda un port qui, d'après le très savant M. G. Saige, archiviste de S. A. S., reçut le nom du dieu Melkarth Menouakh, qualificatif d'Hercule, dont les Grecs firent, sans le comprendre, Monoikos (seul habitant), qui indique le dieu jaloux et ne permettant aucun autre culte à côté du sien. Cela suffit à prouver l'origine phénicienne de Monaco à cette époque lointaine, lieu de débarquement et important entrepôt commercial. Les Tyriens et les Ioniens connurent Monaco, avec lequel ils eurent de fréquents rapports. Virgile en parle et dit:

Aggeribus socer alpinis atque arcens descendens Monoeci,

voulant dire que César, après avoir vu les châteaux et villes des Alpes, a passé à la Turbie, pour prendre la mer à Monaco.

Le poète Lucain écrit :

« Au port consacré à Hercule, la mer s'est frayé un passage dans les anfractuosités de la montagne ; là Eurus et Zéphyr sont sans pouvoir, le Circius lui-même qui agite tout le littoral s'arrête devant la rade toujours paisible de Monaco. »

Silvius Italicus, dans son récit du voyage des députés de Sagonte à Rome, dit :

« A l'horizon se dressent, au milieu du rivage, les colonnes d'Hercule et les sommets du promontoire de Monaco. »

Les Romains utilisèrent la voie d'Hercule, qu'ils prolongèrent et dont ils assurèrent la sécurité, faisant de Monaco un port d'embarquement fort utile dans les guerres qu'ils soutinrent contre les Ligures. Jules César y passa, en revenant des Gaules, au début de la guerre civile, ainsi que nous l'avons vu par la citation de Virgile.

Primitivement confiné sur les contreforts de la Turbie, le port de Monaco n'avait, vraisemblablement, pas utilisé le rocher où est bâtie la ville ; ce ne fut qu'en 1215 que les Génois, auxquels l'empereur Henri IV avait concédé la possession effective de Monaco, envoyèrent un de leurs consuls, Fulco de Castello, avec trois galères, lequel édifia sur le plateau de la presqu'île, dit M. Saige, dans son *Histoire de Monaco*, quatre tours reliées par un rempart de

33 palmes génoises de hauteur, sur une épaisseur de 6 palmes, que forment encore le périmètre du Palais actuel. Ce fut l'origine de la redoutable forteresse qui soutint tant de sièges et repoussa tant d'assauts. Divers perfectionnements y furent apportés dans la suite par les princes de Monaco: Lucien développa le système des contre-mines, qui attirèrent l'attention de Charles-Quint, lors de sa visite, en 1529; Augustin Grimaldi exécuta d'importants travaux, qu'acheva Honoré Ier et que compléta, en 1540, Etienne Grimaldi, en renforçant et renouvelant les remparts et construisant dix nouveaux canons. Dans son très intéressant volume, la *Seigneurie de Monaco au XVIe siècle*, M. Saige dit :

« De nouveaux perfectionnements ont été apportés, au XVIIIe siècle, aux défenses de Monaco, mais dans leur ensemble, les travaux d'Etienne Grimaldi n'ont pas subi de changements très apparents et c'est à lui que revient l'honneur d'avoir donné à la vieille forteresse l'aspect si imposant et si original de ses remparts et de ses hauts bastions. »

La famille des Grimaldi descend directement de Otto Canella, qui fut consul de Gênes vers 1133 et dont le plus jeune des fils, Grimaldo, trois fois consul et ambassadeur auprès de l'empereur Frédéric Barberousse, donna son nom à l'illustre famille dont le descendant occupe aujourd'hui le trône de Monaco.

Au milieu des guerres incessantes qu'enfantèrent les deux factions des Guelfes et des Gibelins, la forteresse de Monaco tomba entre les mains de ces premiers. François Grimaldi, vêtu en moine, se présenta, le 8 janvier 1297, aux portes du château ; on le laisse passer sans méfiance ; sitôt dans la place, le terrible capitaine se jette sur les gardes et derrière lui entre une troupe de partisans guelfes qui s'emparent de Monaco. Les Gênois viennent assiéger la ville, mais les Guelfes échappent à leur surveillance, volent à Gênes sur cinq galères, forcent le port et s'étaient déjà emparés d'une partie de la ville, quand, accablés par le nombre de leurs adversaires, ils sont faits prisonniers au moment de vaincre. Après cette défaite, les Spinola, de Gênes, ont la garde de Monaco. En 1317, la forteresse monégasque tomba de nouveau entre les mains des Guelfes, pour être reprise, en 1327, par leurs ennemis, après un terrible combat. Pendant ce temps, les galères monégasques continuaient sur mer leurs aventureuses équipées et la gloire que leur avait conquise Rainier Grimaldi, amiral général de France, fleurissait toujours, redoutée, à leur proue d'airain. Cette gloire aboutissait à de telles conquêtes et à de tels ravages dans les villes ennemies, qu'en 1330, le sénéchal de Provence vint assiéger Monaco, qui capitula. En 1331, à la suite de l'intervention du roi Robert, les deux partis génois se réconcilièrent et les Grimaldi rentrèrent à Monaco. Charles Grimaldi fait de la forteresse une puissance ; sa marine va dans le Levant menacer le commerce et les possessions de Gênes et de Venise. Les Vénitiens recourent en vain au roi Robert, par le ministère du pape Benoît XII car le roi répond qu'il n'est pas le maitre de Monaco. Charles établit *le droit de mer* ou péage forcé sur les navires qui passaient en vue de ses remparts et auquel nul ne peut et n'ose se soustraire. En 1346, il va attaquer Gênes, avec 30 galères et 10,000 hommes; puis, appelé en France par Philippe de Valois, il est blessé grièvement à la bataille de Crécy.

A son retour, il augmente encore la renommée et l'étendue de Monaco, acquiert les seigneuries de Menton, de Castillon et de Roquebrune, qui, avec Vintimille, qu'il possédait au nom de la reine Jeanne, faisaient au rocher redoutable un territoire important. Toute cette gloire et toute cette puissance sombrent dans un désastre inattendu; Gênes, d'abord surprise, rassemble ses forces et fond sur Monaco avec une flotte puissante et une armée commandée par le doge Boccanegra, qui investissent le fier castel par terre et par mer, forcent les Grimaldi à capituler en 1357, et après les avoir dépouillés de toutes leurs possessions, les frappent d'une formidable rançon de guerre. On dit que Charles, atteint cruellement dans son orgueil, mourut de chagrin.

Ce règne, si mouvementé, peut être considéré comme la synthèse de l'histoire des seigneurs de Monaco, qui flotte, au travers des âges, comme une bannière de gloire: guerriers valeureux et héros illustres, capitaines, généraux et amiraux, ils sont alliés aux princes et aux rois, en lutte contre toutes les factions, seigneurs de contrées immenses, le lendemain dépouillés, triomphateurs acclamés ou prisonniers dédaigneux dans la pénombre des cachots. Et toute cette grandeur surprend notre petitesse moderne, toute cette fougue et cette fantaisie héroïque émeuvent, ainsi qu'un roman de chevalerie soudain réalisé. Comme Don Ruy Gomès, dans *Hernani*, nous pouvons nous écrier: celui-ci, c'est Jean Grimaldi, qui bat les Vénitiens et leur prend 60 vaisseaux; celle-là c'est une femme, Pomelline, épouse de Jean Grimaldi, qui refuse de rendre le château, cernée de toutes parts, malgré la menace faite de mettre à mort son mari au pied des murailles; ici, c'est Jean II, qui déploya, en 1502, à l'entrée de Louis XII à Gênes, un faste, dont font mention les chroniqueurs du temps et qui fut tué par son frère dans une rixe au château de Menton; là c'est Lucien Grimaldi qui battit monnaie, créa les écus d'or au soleil, vit reconnaître solennellement, par Louis XII, la souveraineté de Monaco, *fondée sur ce que cette seigneurie n'est tenue que de Dieu et de l'épée*, et que ses seigneurs *n'ont jamais fait de reconnaissance à souverain, roi, ne prince, fors à Dieu*, et fut assassiné par Barthélemy Doria; plus loin, c'est Hercule de Monaco, qui refuse de payer le subside à l'empereur, affirme la souveraineté de Monaco, et meurt, sous le poignard des séides de la maison de Savoie, à quelques pas de son palais; ici encore Honoré II, qui prend le titre de Prince, et le chevaleresque Louis Ier, créateur du code Louis, qui ferrait les chevaux de son carrosse avec des fers d'argent tenant seulement à un clou, afin qu'il fut plus facile de les perdre; puis c'est le chevalier de Monaco, blessé à la bataille de Fontenoy, aux côtés du maréchal de Saxe, et dont Voltaire dit:

Monaco perd son sang et l'Amour en soupire;

enfin la princesse Joseph de Monaco, condamnée à mort pendant la Terreur, et qui alla à l'échafaud, avec du rouge sur les joues, pour que sa pâleur ne fit

Lucien Grimaldi, Seigneur de Monaco
(Cliché appartenant à l'ouvrage: *Monaco, ses origines et son histoire*, par Gustave Saige).

pas croire qu'elle eut peur ; le prince Charles III qui, après les orages et les contre-coups des révolutions françaises, voit l'indépendance absolue de ses Etats reconnus définitivement par le traité du 2 février 1861.

Mentionnons un fait curieux dans l'histoire des Grimaldi. En 1731, leur famille s'éteignit, dans la ligne directe, en la personne de Louise Hippolyte, fille aînée du prince Antoine I*er*, et femme d'un gentilhomme breton, Jacques de Matignon, comte de Thorigny ; pour que le nom illustre des Grimaldi ne se perdit point, ce dernier renonça à son nom et à ses armes, pour prendre le nom de Jacques I*er* de Monaco, avec le titre de duc de Valentinois et la dignité de Pair de France, octroyés par le roi Louis XV.

Le prince actuel, Albert I*er*, grand d'Espagne, né le 13 novembre 1848, et investi du pouvoir le 27 septembre 1889, est le digne descendant de cette lignée de preux qui régnèrent *par la grâce de Dieu et de leur épée*, le dernier survivant de la noblesse féodale ; sa souveraineté a résisté aux évolutions, aux révolutions et à la bourrasque sociale de 1793 ; il a conservé ses droits, ses privilèges, sa cour, son titre et son armée, sa jolie armée en uniforme bleu de ciel et rouge, qui se compose de 75 soldats ; il a ses tribunaux, le droit de grâce, bat monnaie et traite d'égal à égal avec les souverains, ses cousins. C'est un vaillant soldat qui combattit courageusement dans les rangs français, en 1870, et fut, pour sa bravoure, décoré de la Légion d'honneur. En outre, homme d'une grande intégrité, il s'est adonné à la science, et particulièrement à la zoologie ; ses nombreux et importants travaux ont été appréciés, pour leur remarquable intérêt, à l'Académie des Sciences, à l'Institut et à la Société de géographie de Paris.

Le Prince a épousé, en premières noces, lady Mary Hamilton, fille du duc Guillaume d'Hamilton et Brandon, marquis de Douglas, duc de Chatellerault, et de Marie-Elisabeth de Bade, alliée à presque toutes les dynasties régnantes de l'Allemagne, et en secondes noces, la duchesse de Richelieu, née Alice Heine, fille du grand banquier parisien.

Réunie à la France en 1793, sur un rapport présenté par Carnot à la Convention, le 14 février, la Principauté fit partie du département des Alpes-Maritimes, pendant que le prince Honoré III, et tous les membres de sa famille étaient incarcérés ; bien qu'on eut déclaré qu'il avait toujours été l'ami sincère et l'allié de la France, le malheureux souverain mourut, après avoir été remis en liberté, épuisé par les chagrins et une détention de plus d'une année. Ses biens furent séquestrés, son palais pillé et Monaco reçut officiellement le nom de Fort d'Hercule. Sous l'empire, l'annexion fut maintenue et les princes de Monaco ne purent se faire rendre justice ; l'un d'eux, le prince Joseph, fut connu à la cour sous le nom de Mr de Monaco ; le fils aîné du duc de Valentinois, Honoré Gabriel de Monaco, fut aide de camp du général Grouchy et premier écuyer de l'impératrice Joséphine. La chute de l'empire amena la restauration de la maison de Grimaldi; le traité de Paris porte que: « la Principauté de Monaco est toutefois replacée dans les rapports où elle se trouvait avant le 1er janvier 1792 », et Honoré IV reprit son titre de prince, sous le protectorat de la France. Occupée par les troupes anglo-sardes, après les Cent Jours, la Sardaigne obtint, en 1815, le protectorat de la Prin-

Louis I, de Monaco

(Cliché appartenant à l'ouvrage : *Monaco, ses origines et son histoire*, par Gustave Saige).

cipauté par le traité de Vienne, qui annulait à perpétuité les effets du traité de Paris. La Sardaigne exigea, en outre, la reconnaissance de sa suzeraineté sur Menton et Roquebrune. L'annexion du Comté de Nice à la France, en 1860, mit fin à cette situation, et la Sardaigne, en se retirant, laissait le prince Charles libre de prendre avec la France les arrangements qui lui conviendraient; le prince céda à la France, moyennant une indemnité, ses droits sur Menton et Roquebrune, et l'indépendance de la Principauté fut reconnue par le traité du 2 février 1861. L'article 5 de ce traité oblige la France d'entretenir et de rectifier à ses frais la route de Monaco à Menton et prévoit l'établissement d'une route carrossable entre Nice et la Principauté.

Un autre traité, signé à Paris, le 6 décembre 1865, établit une union avec la France, comprenant l'attribution aux Administrations françaises des services des postes, douanes et télégraphes, moyennant une rétribution fixe accordée au Prince et le partage des recettes au-delà de cette rétribution; d'autres dispositions visaient, dans un sens favorable à Monaco, la fourniture des poudres, des tabacs et du sel, interdisaient le séjour réciproque des expulsés des deux pays et obligeaient enfin la France à faire subir leur détention, dans ses prisons, aux individus condamnés par les tribunaux monégasques à une peine dépassant six mois.

Le château de Monaco est bien la digne demeure de l'opulente race des Grimaldi, et Gioffredo dit qu'on y voit réuni tout ce que la splendeur et la magnificence peuvent donner de rare et de précieux. C'est bien l'aire d'où jaillissaient les aigles,

    Dont l'élan triomphal apeurait les étoiles,

et il a conservé le reflet de la belle fournaise héroïque, dont il a illuminé les chroniques pendant des siècles. La façade, de la Renaissance italienne, a l'air, avec ses créneaux moresques, d'on ne sait quel castel de paladin, tout ruisselant d'un charme de légende; sur une tour, ventelant sous la brise de mer, le drapeau blanc de Monaco, avec les armes des Grimaldi, *un écu fuselé d'argent et de gueules, accosté de deux moines*, qui rappellent l'exploit de François Grimaldi, *l'épée nue, sur un manteau doublé d'hermine, le tout sommé de la couronne fermée, avec une banderolle*, et la pieuse devise: *Deo Juvante*.

D'abord enclavé dans le château vieux, le Palais de Monaco fut embelli et restauré successivement: Jean Grimaldi l'agrandit. Etienne en fit une demeure somptueuse, en créant le portique à deux étages, composé de deux rangs de douze arcades superposées en cintres surbaissés reposant sur des colonnes doriques très simples, et diverses constructions d'une grande splendeur; Honoré III consacra trente années de sa vie et des sommes énormes pour parachever l'embellissement de la demeure princière; il éleva de nouveaux bâtiments, forma une nouvelle façade au moyen de deux étages d'arcades superposées et construisit l'édifice, dit *des Bains*, dont le revêtement était de marbre et de riches sculptures ; Louis Ier bâtit le grand escalier d'honneur sur le modèle du célèbre *fer à cheval* du palais de Fontainebleau ; Antoine Ier fit décorer les principales salles par deux peintres, Joseph de Bressan et Augustin Vento, qui reproduisaient pour lui les toiles les plus célèbres.

Charles III, Prince de Monaco
né à Paris le 8 déc. 1818,
mort au château de Marchais le 10 déc. 1889

(Cliché appartenant à l'ouvrage: *Monaco, ses origines et son histoire*,
par Gustave Saige).

C'est là que s'évoque, plus intime, l'histoire de cette maison, si brillante, qu'elle semble une ode aux rimes d'or, et l'on ne peut visiter, sans un sentiment inconscient de respect, la cour d'honneur, revêtue des fresques murales de Luca Cambiaso et de Ferrari, avec sa galerie à arcades, ses balustres de marbre et l'escalier à double révolution, que des paons constellent de leurs héraldiques pierreries. Et il semble un peu que, pour un moment, on revit dans un autre âge, quand on parcourt, les jours où cela est permis, les somptueuses antichambres, dallées de mosaïques, les salons bleu, vert ou or, la chambre d'York, la chambre Louis XV, la salle du trône, les chambres à coucher et les boudoirs, décorés de merveilleuses peintures, ornés de mobiliers précieusement reconstitués, où dorment tant de souvenirs.

Et ils sont nombreux, ces souvenirs, et combien différents : tantôt c'est le meurtre de Lucien et le cadavre laissé sanglant, frappé de quarante-deux coups de poignard sur le grand escalier, pendant que les sicaires des Doria cherchaient à contenir les soldats accourus aux cris de la victime ; tantôt les fastes de la cour d'Honoré III, et les galantes réunions des gentilhommes musqués et des beautés les plus en vogue de la noblesse provençale, alors que l'on dansait le ballet *Les Entretiens de Diane et d'Apollon*, écrit par le secrétaire du Prince, Charles de Venasque ; puis c'est la silhouette exquise de la subtile Madame de Monaco, duchesse du Valentinois, qui faillit être, ou peut-être fut rivale de Mademoiselle de La Vallière, enchaîna le duc de Lauzun et le rendit si cruellement jaloux, qu'il avait dans ses cassettes des portraits de l'infidèle, auxquels, pour la punir, il crevait les yeux avec de longues épingles.

Et quand l'on sort de cette demeure toute pleine de choses superbes du passé, il semble qu'au bas des rochers impassibles, la mer chante, éternellement, un hymne berceur de gloire.

De Monaco à Monte-Carlo s'étend la ville neuve de la **Condamine,** dont la plupart des rues portent des noms de femmes. A son extrémité, dans une gorge, **la Chapelle de Ste-Dévote,** la patronne de la Principauté, dont la légende est d'un curieux mysticisme :

Mise à mort en Corse, par le proconsul Barbarus, Ste-Dévote, en expirant, exhala une colombe qui s'envola vers les cieux ; son corps, devant être brûlé par ordre de Barbarus, fut enlevé pendant la nuit par le prêtre Benenatus et le diacre Apollinaire, embaumé et déposé dans une barque. En route, la tempête s'élève et le frêle esquif menace de s'engloutir, quand, soudain, Ste-Dévote apparut et leur dit: « Quand vous verrez une colombe sortir de ma bouche, suivez-la jusqu'à ce que vous arriviez à un lieu appelé en grec Monaco et en latin *Singulare*, où vous enterrerez mon corps. »

Ils regardèrent et virent la colombe s'envoler des lèvres de la sainte, au devant de la barque, et en même temps la mer s'apaisait. A Monaco, la colombe s'arrêta à l'entrée du vallon ; les deux hommes ensevelirent pieusement le corps, le sixième jour des calendes de février, et élevèrent une chapelle où de nombreux miracles se produisirent. En 1070, un corsaire s'empara de la châsse précieuse qui contenait les restes de la martyre et s'enfuit sur son vaisseau ; mais celui-ci s'arrête soudain à quelque distance du rivage, et aucune manœuvre ne peut lui faire continuer sa route ; il est bien vite atteint par les gens de Monaco qui avaient découvert le larcin ; le corsaire est tué et la châsse victorieuse est réintégrée dans sa chapelle. On célébra pendant longtemps, en l'honneur de ce fait merveilleux, de grandes fêtes, pendant lesquelles on brûlait une barque.

En 1506, pendant un des terribles assauts que les Gênois donnèrent à la forteresse de Monaco, et au moment où ils allaient pénétrer dans la place, malgré l'opiniâtreté de la défense organisée par Lucien Grimaldi, Ste-Dévote, affirment les traditions du temps, apparut au-dessus des murs de la citadelle, combattant, avec un rameau lumineux à la main, dans les rangs des Monégasques et chassa les ennemis épouvantés.

MONTE-CARLO

Autant Monaco, la vieille ville, casquée de sa fière forteresse, semble un sphinx formidable, accroupi au bord des flots et qui pose à la mer curieuse son éternelle énigme, autant, quand on longe le boulevard neuf de la Condamine, à travers les fééries orientales de jardins d'une chimérique beauté, **Monte-Carlo** apparaît, ruisselant de modernité, tapageur et merveilleusement joli. La nature, austère là-bas, avec ses murailles de rochers démantelés par des assauts de géants, son flot inquisiteur et mystérieux, son ciel profond et son horizon suavement bleuté, est ici d'une préciosité, d'une joliesse exquise, rochers porphyréens, rocs teintés de serpentine, forêts pâles, collines mollement arrondies, fleurs irradiantes aux parfums subtils, qui grisent comme du vin, tout est mignon, coquet, fringant, s'assimile avec les villas fanfreluchées, qui fleurent comme des corsages entr'ouverts, un soir de bal, au sein de leurs épais massifs de roses, de géraniums et de mimosas.

Malgré soi, on rêve à des troublantes béatitudes et à des péchés compliqués, en passant devant ces délicieuses maisonnettes à toits plats, à deux étages, enjolivées de corniches, de fresques, de mosaïques, de statuettes, de ciselures délicates, qui s'enlèvent sur les fonds clairs du crépi, rose thé, bleu pâle, crème ou lilas. Elles montent, s'amoncellent, comme des joyaux précieux, dans le désordre d'un trésor mis soudain au pillage, contre la montagne rouge qui a l'air, elle, d'une immense étagère, où les oliviers incrustent leur ombre pâlie et les eucalyptus ont, sous l'haleine du soir, des froissements d'épées entrechoquées. La mer, elle-même, la hautaine et l'implacable, a pris les allures d'une baie tranquille, et sur la grève basse, les flots jolis prolongent très loin, avec une mollesse attardée, la caresse de leurs écumes souples et blanches, qui se déroulent comme un riche satin moiré sous le coup d'éventail du soleil;

elle s'ouvre ainsi qu'une plaie de lumière, s'allonge, lassée, comme envahie par la paresse de bruire, rampe et semble vouloir compléter la magie du paysage par le frôlement soyeux de ses ondes imprégnées d'azur. Et tout est névrosé, trop joli, dans cette baie rose et bleue, les gazons sont d'une émeraude improbable, les arbres ont des palmes triomphales, et les maisons ont l'air de palais de fées, évoqués par un architecte en délire. Tout cela éblouit, chatouille, a une grâce titillante, une beauté du diable qui grise et fait presque mal.

On voudrait, à cet Eden, un défaut, une tare, quelque chose qui ne soit pas joli, qui ne soit pas une merveille, pan de mur écroulé ou masure démantelée et noircie par le temps, où le regard puisse s'arrêter un moment et ne plus avoir la fatigue de l'éblouissement, échapper au prestige du spasme continu, et l'on ne trouve rien, on cherche en vain, tout est parfait. Sur la route, dans la chaleur tiède des jolies journées gaies, les calèches filent au grand trot de chevaux piaffants et la foule roule, va et vient; c'est aussi une foule polie, affinée comme le paysage, et les snobs et les jolies mondaines, en toilettes de printemps, ont, dans leur attitude, dans la mollesse de leur démarche, dans leurs pas nonchalants, comme la paresse de l'extase, le laisser aller d'une félicité poussée à son paroxysme. Les femmes ont des mines de névrose, des yeux convoiteurs, où semble s'être coulé et pailletter encore le ruissellement des louis d'or, où palpite, en éclairs fugaces, la folie jaune du métal ensoleillé, la démence de la fortune, qui évoque, sur la roue du hasard, les rêves irréalisables et les illusions triomphantes. Elles ont des frôlements involontaires, un appel de tout leur être vers la joie d'être belles et d'être désirées; elles sont là, plus exquises qu'ailleurs, figurantes de ce bel opéra de passions, qui roule et se déroule autour de Monte-Carlo.

Monte-Carlo! comme ce nom chante tout ce qui n'est pas la vie monotone de devoir imposé et de travail prosaïque, le cheminement, au jour le jour, dans l'ornière banale de l'existence, avec de vulgaires choses, sans cesse renouvelées, de grises choses vécues sous un ciel gris; comme il dit, dans ses syllabes de mélodie, la secousse affolante du hasard, la chance, l'espérance de la fortune soudaine, de l'or gagné en une heure, avec l'épanouissement de luxe et de bonheur; comme il crie l'idéal possible de la cessation des effrois constants, des inquiétudes sordides; comme il est, lui-même, une chimère et une apothéose, un éblouissement de lettres magiques, aux tressaillantes assonnances!

Nous sommes enfin devant la grandiose bonbonnière, qui est le **Cercle des Etrangers de Monte-Carlo.** Le **Casino** se dresse, coquet bijou polychrome et fouillé à jour, mignard, au style composite, un peu bysantin, un peu mauresque, avec de petits airs gothiques, un peu Renaissance, un peu Trocadéro, mais si adorablement moderne, et que Garnier n'a pas craint de signer comme une œuvre chère à sa faconde fantaisiste. Sur sa double façade multicolore, peinte, émaillée et ajourée, des statues se cambrent dans des niches d'or en des poses d'éblouissantes nudités; ce sont des gloires ceintes de rayons qui resplendissent, des amours enguirlandés de roses, qui s'enlacent, des divinités gracieuses qui tendent les bras, des mascarons qui sourient; puis des colonnades, des pilastres, des bas et des hauts-reliefs, de merveilleuses volutes qui se déroulent, des festons, des astragales, des corniches, des entre-lacs, des sculptures, toute une floraison de marbre et de bronze, une délicate efflorescence des couleurs les plus suaves, des nuances les plus invraisemblables. Et, tout autour, un parc, des jardins immenses, profonds, superbes, d'où jaillit, assouplie en des parterres royaux, créés à coups de millions, sur le roc brûlé des Spélugues, une floraison de serre chaude, merveilles végétales qui continuent les merveilles architecturales. Dans les velours des gazons épais, des massifs de cyclamens, de renoncules, de roses et de narcisses versent les ondes grisantes des parfums trop forts, épandus de leurs corolles aux frissonnants arcs-en-ciel; puis toute la flore des tropiques, bizarre, échevelée, effrayante de vigueur, aux formes tourmentées, les chamœrops et les braheas, aux palmes dédaigneusement retombantes, les aloès, avec leur hérissement farouche de tiges aiguës, les pritchardias, aux troncs tuméfiés et velus, les chinas et les photinas fantastiques, le feu d'artifice des arecas, les casuarias, qui sont comme une forêt d'aiguilles, les cocos, élancés et sveltes, qui tendent au ciel leurs hampes graciles, les glauques latanias, les dasylirions orgueilleusement empanachés, les araucarias contorsionnés, les pistachiers emmêlés et touffus. Des allées sablées, courent, s'égarent, voilées de silence et d'ombre, perdues parfois en des retraites profondes, où passent des senteurs humides, grasses, chargées de languides émanations, sueurs et frissons de tous ces monstres charnus, gonflés de sève puissante et qui tordent, dans l'air tiède, des membres si désespérement convulsés.

Pas de bruit; le tumulte de la vie n'arrive pas jusque là; il meurt dans ce paradis, comme en un antre de magie; on se dirait loin de tout, perdu en quelque oasis, aux temps primitifs, et l'on a la sensation très forte d'une retraite impénétrable, sous la protection de l'armée formidable des végétaux monstrueux, qui veillent, avec des glaives brandis par des bras noueux, aux dures rugosités, à l'étreinte mortelle.

Sur la façade d'entrée du Casino, un parterre, encadré de palmiers, monte à perte de vue, fleuri de rosaces parfumées d'orchidées, de narcisses, d'anémones et de roses. De l'autre côté, sur la mer, les massifs sont plus rares et la foule se promène et s'accoude aux balustrades, regardant en bas le Tir aux pigeons, sport très couru, aux primes princières et qui consiste en ceci: Sur une esplanade entourée de grilles, cinq boîtes mobiles fermées sont disposées en demi-cercle, contenant, chacune, un pigeon vivant. Le tireur est placé sur une plate-forme couverte, l'œil à l'affût. A un signal, l'une quelconque des boîtes, actionnée par une tige souterraine, s'ouvre brusquement, le pigeon s'en échappe et, généralement, s'envole à tire d'aile ; il s'agit de l'abattre assez vite pour qu'il tombe dans l'enceinte grillagée, sinon le coup ne compte pas. Parfois le pigeon s'enfuit, mettant sur le bleu de l'infini la virgule grise de ses ailes éployées. Le plus souvent, il s'abat; et alors il se passe des scènes déplorablement émouvantes : les pauvrets essaient de voleter, d'ouvrir une aile défaillante, de se traîner encore, dans un effilochement de plumes arrachées, où le sang met sa rosette fatale, avec des allures de pantin cassé, et sombrés sur le côté, à demi soulevés sur une patte, haletants, ils regardent, de leurs jolis yeux, déjà ternis, l'épagneul qui arrive, gueule béante, au trot, pour relever les morts et achever les blessés, et ils font une dernière tentative, un dernier effort, pour s'envoler, s'en aller au loin, vers le ciel. Quelquefois, ils repartent, d'un vol allourdi, lassé, et tous les tireurs ont les yeux hagards, le cou tendu vers l'agonie des petites victimes, supputant ce qu'auront de souffle leurs poitrines à demi crevées et si les mignons tomberont au delà ou en deçà de l'enceinte réglementaire. Et presque toujours le chien s'en retourne au chenil, emportant dans ses crocs, au bruit des clameurs joyeuses, un pauvre corps qui s'abandonne et ne lutte plus, en la dépouille de ses ailes pendantes et de ses pennes ébouriffées et souillées.

Lorsque le prince Charles III autorisa, en 1853, l'ouverture d'un Casino, organisé sur le modèle de ceux qui existaient en Allemagne, il obéit à la préoccupation d'assurer à la Principauté, dit fort justement M. Saige, une part considérable dans le développement des richesses qu'allaient procurer à la région les milliers d'étrangers de toutes les nations qui prenaient de plus en plus l'habitude d'y venir hiverner. Cette institution devait, dans son esprit, compenser l'absence de toute industrie à Monaco et l'impossibilité d'en créer, qu'avaient jusqu'alors confirmé tant de tentatives infructueuses.

Les premiers essais furent malheureux et diverses Sociétés avaient successivement abandonné leurs concessions, lorsque, le 31 mars 1863, M. Blanc arriva à Monaco et se rendit acquéreur du privilège des jeux, moyennant 1,700,000 fr., versés à M. Lefebvre, qui avait obtenu ce privilège en 1859.

Actuellement c'est la Société des Bains de Mer de Monaco qui est propriétaire du Casino et des jeux; la concession première, échue en 1914, a été renouvelée par le Prince pour une période de 50 ans, du 1er avril 1898 au 1er avril 1948.

Doué d'un remarquable esprit d'initiative, M. Blanc réorganisa les jeux, construisit le Casino actuel et fit de la Principauté un merveilleux centre d'art et de plaisir.

Nous entrons au Casino par le grand péristyle à colonnes. Il est grandiose de proportions, quoique coquet d'apparences, ce Palais du Hasard, somptueusement aménagé, renfermant des salons de conversation, de correspondance, de repos, d'escrime, de lecture, de concert, un théâtre tout doré, des bureaux immenses et un monde d'employés et de laquais, en élégantes livrées. Au rez-de-chaussée, sont les salles de jeux, que précède un promenoir spacieux, dallé de mosaïques. Quand on a passé par les formalités règlementaires de réception des cartes, on pénètre dans le sanctuaire de la déesse Roulette, que ferment des portes, lourdes comme celles d'un temple. Ses salles sont hautes, immenses, profondes, splendidement décorées de panneaux de Clairin, de Saintin, de Boulanger et d'Hodebert; les dorures ruissellent de partout, avec un luxe pesant, superbe. L'or, partout l'or, qui jaillit comme en un magique éclaboussement, jusqu'au parquet, monte au plafond, d'une profondeur de voûte gothique, s'étale, s'avive de mille lueurs fauves, semble vouloir être, jusque dans les recoins, le maître absolu et incontesté de ce palais réservé à son culte. Et c'est lui aussi qui tinte, tintinnabule, s'amoncelle sur les tables dans un froissement argentin et cliquetant, une caresse de métal frôlé par le métal, avec un bruissement si doux, si câlin, qui froufroute dans l'oreille, semble couler jusqu'à l'âme, en touchant des fibres inconnues, le rêve de concupiscences brutalement écloses, comme des fleurs étranges et empoisonnées, dans l'atmosphère surchauffée d'une serre gigantesque.

Au milieu, les tables, et, tout autour, allongés, penchés, crispés, déjetés, cambrés, les joueurs sont accumulés, avec des luisances de crânes d'ivoire et des rougeurs de nuques congestionnées. A chaque instant, coupant la mélodie bruissante des louis, les pa-

Panorama de Monte-Carlo

roles scandées et vibrantes des croupiers ; « Faites vos jeux, Messieurs ! — Rien ne va plus ! »

Puis, planant, presque sensible, la fièvre de toutes ces cupidités aux mains tendues, de toutes ces avidités aux yeux dilatés, l'odeur d'étuve de l'anxiété qui bout et calcine les cerveaux, la senteur de mêlée âpre, émanée de tous ces êtres haletants, à la recherche du lucre, à l'embuscade de la fortune, la fermentation âcre des combinaisons avortées et des systèmes laborieusement échafaudés, poursuivis en dépit de tout ; ça et là, sur des figures pâles ou écarlates, un brusque éclat de joie qui passe, ou l'affre pâle de la déception ; un rictus qui transparaît ou des grimaces qui serpentent, tordant les bouches et tirant les yeux ; et des faces blêmes, immobiles, usées comme d'antiques effigies, où plus rien ne vit, et qui restent cireuses, avec des regards vitreux sous des paupières bridées, insensibles aux émotions douces ou terribles ; et des mains nerveuses, des mains allongées en serres ou subitement tremblantes, agitées de tics, de convulsions ou détendues comme des chairs mortes, exsangues, sur le tapis vert.

Ici, c'est le triomphe de la chance qui s'épanouit, qui délire, qui dilate un être, le rend fou, loquace, presque enfantin, le secoue de tressautements inconscients, maladifs ; là, l'affaissement du désespoir, un tassement hébété, l'atonie finale, où tout a sombré et au milieu de laquelle se plaint et agonise la désespérance des pupilles mornes, sous le vieillissement des fronts subitement crevés de rides.

Autour de ce tapis vert, galopent toutes les passions humaines, cavalcadent toutes les émotions et toutes les anxiétés; il n'y a pas une gamme de sensation quelconque qui ne soit modulée. Le premier rang des joueurs est assis ; ce sont ou les tôt-arrivés ou les professionnels; ils ont généralement devant eux des papiers, des documents, une sorte de grammaire du hasard, tables de logarithmes spéciaux, calculs algébriques ou simplement une carte, où, dans les colonnes, sous les lettres N R (noire et rouge) sont notées minutieusement les séries; et ils pointent, d'un crayon fébrile, ou ils se livrent à des combinaisons compliquées, la tête dans les mains, plongés dans les mystères des chiffres; à côté d'eux, les munitions: *pièces*, louis ou grosse artillerie des billets bleus, fripés et entassés, prêts pour la bataille; les femmes posent leurs bijoux, souvent pêle-mêle avec le tas monnayé; c'est la réserve, le landsturm qui donnera, quand tout sera perdu. Derrière, droits, sur plusieurs rangs, des joueurs qui pontent, tirailleurs acharnés, se penchent, se relèvent, après avoir poussé leur mise sur le tableau, au moyen du rateau traditionnel.

Aux extrémités et aux deux côtés des longues tables, des croupiers, impassibles, aux gestes agiles, aux intonations brèves, spectateurs désintéressés, statues du Commandeur de cette fête de l'or ; près d'eux, les caissiers, les inspecteurs et les chefs de partie. L'adresse de ces croupiers est remarquable; ils paient, changent, rendent, calculent, en quelques secondes, les gains des multiples combinaisons, le *numéro plein*, qui gagne trente-cinq fois sa mise, le *numéro à cheval*, qui la gagne dix-sept fois, la *transversale de 3 numéros*, le *carré de 4 numéros*, les *transversales de 4, de 6 numéros*, puis la *colonne*, les *deux colonnes*, la *douzaine*, le *Pair*, l'*Impair*, le *Passe*, le *Manque*, la *Rouge*, la *Noire*, qui gagnent onze, huit, cinq, deux et une fois leur mise. Et sur l'or, crevant les masses ou les empilant, les râteaux d'ébène, aux coins de métal, vont, viennent, s'élèvent, s'abaissent, s'allongent, comme un flot inconscient sur une grève trop exposée.

Puis, au centre, le cylindre, aux cases rouges et noires, dans lequel, avec son bruit saccadé, cascade et vire-volte la bille blanche, que suivent, comme hypnotisés, les yeux anxieux et scrutateurs. O ces yeux avides, lancés après cette chose légère qui bondit et qui vont aussi vite qu'elle! « Rien ne va plus! » La belle ralentit sa cadence ivoirine. Tous les bustes sont en avant, on se hâte, on charge, on empile encore et toujours, malgré les paroles sacramentelles.
— « 29 et couleur! »

Il y a une détente, des exclamations étouffées, des fronts qui se plissent, des bouches qui se pincent, puis, plus rien; le coup de foudre est passé. Des râteaux vont et viennent, poussent les enjeux, comme un troupeau docile, conduisent les masses en face des gagnants, louis étagés en quintettes ou écus régulièrement superposés. Et tout recommence! Et pendant 12 heures, autour des 12 tables de roulette, et des 4 plus tranquilles du *trente et quarante*, s'agite le tourment exquis et cruel des appréhensions haletantes, se déroule le drame ou la comédie de la chance.

Tout est sujet à études dans la salle des jeux de Monte-Carlo. Pas un joueur qui ne soit une monographie spéciale. Nous avons, entre mille, à tenter un psychologue, la cocotte, à la fois déplumée et emplumée, qui demande au jeu les sensations que l'amour lui refuse; les jeunes mariés, venus là pour ajouter cette émotion à celles de la lune de miel, et dire : « Nous y avons été »; la belle fille, en toilette éblouissante, aux cheveux fous et nez au vent, qui, de ses fines mains gantées de blanc, jette sur le tapis les louis d'un guerluchon quelconque, caché derrière les rangs et qui tremble d'effroi, tout en se dilatant d'orgueil; le névrosé qui trouve la vibration la plus haute du spasme moral; la bonne dame, costume foncé, air sérieux, qui gagne sa masse quotidienne et fait vivre, à Menton ou à Bordighera, un vieux père et de petits enfants; le rasta copurchic, à l'affût de la matérielle, de la divine matérielle, qui remplace si bien l'inscription ancestrale sur le Grand-Livre de la Dette Publique, le systémier, qui a calculé, équations en mains, au cours de longues nuits, en évoquant Montmort ou Hudde, une combinaison basée sur l'algèbre, et livre enfin bataille derrière une pile de papiers noirs de chiffres et de formules; il jouera bien son système, une heure ou deux, gagnera quelques louis, puis, perdant la tête, s'accoudera sur ses documents et se mettra fébrilement à ponter, au hasard, sur les numéros pleins, et à 11 heures, après les *trois dernières*, il se retrouvera dans le train des décavés, murmurant des mots confus et maudissant l'algèbre et Bernouilli.

Que d'autres catégories, que de subdivisions, et, parmi toutes, quelles nouvelles classifications, suivant les natures et les caractères, modelés par les caprices de la Fortune, — la grande cycliste aux yeux bandés — comme dit Emile Bergerat.

Notre aimable confrère, M. Charles Limouzin, très expert en la matière, a noté les nerveux, les patients, les fatalistes, les agités, les indifférents, les méthodiques, les sceptiques, les audacieux, les passionnés, les convaincus, les blasés, les inconscients, les intermittents, les modérés, les insatiables et *tutti quanti*. Puis des cas spéciaux très curieux. Le couple de tourtereaux, venus en voyage de noces à Monte-Carlo, il y a une douzaine d'années, qui ont joué cent sous, debout — pour voir — puis se sont assis, ont gagné, perdu, regagné, reperdu, ont fini par manger leur petit pécule, ont fait venir des fonds de chez eux, puis sont restés là, malgré toutes les démarches des parents, les supplications, les ordres, les prières. Monsieur habite Villefranche et Madame La Condamine. Elle joue les transversales et lui les douzaines. Ils n'ont pas d'enfants! Un autre cas bizarre est celui de la vieille, très vieille dame, qui porte un nom princier, est coiffée à la Girafe et qui, après avoir perdu deux ou trois fortunes, plus colossales les unes que les autres, depuis un demi-siècle, à Hombourg, Ems, Baden-Baden, Saxon, joue encore, pièce par pièce, les débris de quelque pension viagère, née de la munificence d'un Conseil judiciaire, et ne quitte la table de jeu que lorsqu'on ferme les portes. Le jour où on lui refusera l'entrée des salons de jeu, elle gagnera le numéro plein du paradis, qu'elle a bien mérité. Que Dieu ait sa martingale!... et se garde bien de l'employer, car elle ne vaut rien! Il y a encore le joueur *à coup sûr*, chassé, soi-disant des salles du Cercle qui a peur de lui; il a, en son système, une confiance inébranlable, qui n'est égale qu'au dédain professé pour celui du voisin, qui le lui rend bien. Nous en avons connu un qui s'appelait modestement : *L'inventeur parisien, qui a vaincu le Hasard, le seul qui soutient, espèces en mains, le pari de gagner indéfiniment.* Il se comparait, plus modestement encore, à Archimède, Descartes et Copernic et nous offrait de nous faire accompagner au Casino par un surveillant, sous la direction duquel, avec une somme modeste, qui restait entre nos mains, nous avions l'assurance de gagner la bagatelle de 500 fr. par heure, à partager le soir avec lui. Ce grand homme avait, à Nice, un *cabinet*, très bien meublé, et, dans son coffre-fort, un lot cossu de ces billets bleus, qui font faire de si grosses bêtises au genre humain. Puis, c'est le *féticheur*, qui retient le numéro du wagon qui l'a amené, 10342, par exemple, en additionne les chiffres 1-3-4-2 et joue le résultat, le nombre 10, toute la journée, ou bien le numéro du vestiaire, l'âge de la première personne qu'il rencontrera, poursuivant des calculs basés sur les hasards les plus fantastiques et les plus minutieusement invraisemblables. Ou le type très fréquent qui joue pour l'amour du jeu, sans savoir s'il perd ou gagne, dédaigneux des espèces monnayées, pourvu qu'il ait, dans les nerfs, dans le sang, passant au tréfonds de son être, l'âpre spasme de l'angoisse voluptueuse de la chance. On cite, sur ce cas, l'amusante anecdote que voici:

Un Monsieur gagne 260,000 fr.; sa jeune femme le supplie de partir avec ce très raisonnable bénéfice; il refuse, s'entête et perd 30,000 fr.: sa femme alors prend mal; tout le monde l'entoure, mais le Monsieur ne bouge pas et perd encore 20,000 fr.; enfin, on l'arrache de table et il arrive dans la chambre de l'hôtel où était sa femme, avec le sac contenant les 210,000 fr.; à sa vue, celle-ci interrompt une magnifique crise de nerfs, saute sur la sacoche et brusquement l'enferme dans un tiroir, sonne, paie la note et fait charger les malles. Le mari, dégrisé, comprend et se laisse faire, heureux d'avoir une femme en possession d'une nervosité aussi conservatrice.

Il y a une assez grande différence entre les joueurs de la roulette et ceux du trente et quarante, qu'explique peut-être le minimum et le maximum de mise, qui est, pour l'une, de 5 et 6,000 francs, et pour l'autre de 20 et 12,000 fr.; ces derniers sont plus tranquilles, moins agités; le silence est moins *bruyant*, si j'ose m'exprimer ainsi, dans les salons du trente et quarante, qui sont imprégnés d'une solennité d'église, de quelque chose de religieux, et, sur les tables, autour desquelles les joueurs ont l'air de fidèles attentifs, les sixains prennent l'apparence de psautiers, que vont ouvrir de farineux prédicateurs; jusqu'aux croupiers, qui émettent des énoncés magistraux, modulés d'une voix de marguilliers, et disent: *Trois sept rouge perd et couleur gagne* - du ton qu'ils prendraient pour psalmodier: « Frères, il faut mourir. » Peut-être cela tient-il encore à ce qu'à ce jeu, on ne tolère que l'or et que l'on entend pas ainsi le cliquetis, un peu canaille, des écus.

Autour des joueurs, sérieux ou non, va et vient tout un monde de comparses et d'utilités, grandes ou petites: le personnage, fort correct, qui attend l'ouverture des portes du Casino, de 10 à 11 heures, s'empare d'une chaise, qu'il cède ensuite, moyennant une modeste rétribution, cent sous, un louis même; celui qui a pour emploi de marquer les séries et les numéros sortis; le *piqueur* ou la *piqueuse*, presque des fonctionnaires, qui vous garderont votre place si vous sortez; puis la kyrielle des prêteurs sur gages, intermédiaires et courtiers, banquiers à la grosse semaine, qui ne demandent qu'à être utiles et à avancer, au joueur décavé, sur ses bijoux ou ses garanties, une somme aussi peu proportionnée que possible à la valeur de ceux-ci, et, pour finir, l'essaim des aigrefins, des tireurs de bourses, des malandrins, qui sont là, ordinairement fraîchement décorés, comme les maisons neuves, à l'affût d'un bon coup à faire, et qui ont, dans leur sac, à la place de numéraire, des

Casino de Monte-Carlo

trucs à revendre et même à louer, dont nous allons étudier quelques-uns.

Le truc le plus commun, classique en quelque sorte, est celui qui consiste à subtiliser la masse d'un joueur, ignorant ou naïf, qui n'ose pas la réclamer. Etant assis, un jour, bien tranquillement devant une pièce de cent sous, qui venait de se multiplier dans des proportions modestes, et que nous avions laissée, avec ses compagnes, bien complaisamment, dans l'espoir d'assister à des multiplications plus compliquées, nous vîmes, soudain, une main très blanche avancer, par-dessus notre épaule, sur notre petit capital, des doigts prévaricateurs. Sur le geste appréhensif que nous fîmes, la main se retira, et nous étant retourné, nous aperçumes un Monsieur très respectable et suffisamment décoré, à barbe vénérable, qui s'inclina profondément et s'éloigna avec une agile dignité.

Puis, il y a le coup des deux Messieurs, d'origine généralement britannique, qui jouent en face l'un de l'autre, et sans avoir l'air de se connaître, l'un 6000 fr., par exemple, sur la Noire, l'autre la même somme sur la Rouge. La Noire sort et est payée; quant à la somme qui est sur la Rouge, elle est rapidement retirée par son propriétaire qui se lève et se dissimule prestement. On court après lui, on le rattrape le plus souvent, il y a discussion, bousculade, parfois pugilat, puis, comme il refuse de restituer, on l'expulse, pour en finir. Au dehors, les deux compères partagent les 6000 fr., et le tour est joué. Un autre encore, le plus joli, peut-être: Au moment même où le croupier annonce le résultat du coup, un individu avance son bras par-dessus les joueurs et pose, d'une façon très visible, une pièce de 5 fr. sur le numéro gagnant. Le croupier refuse la pièce, en disant qu'on a misé trop tard; l'individu reprend sa pièce, en maugréant, mais voilà que dessous se trouve un louis, dont un Monsieur quelconque réclame le paiement. On ne peut faire autrement que de lui allonger 35 louis; inutile de dire que la pièce d'or était dissimulée sous l'écu, auquel elle adhérait par un grain de cire et posée en même temps que lui sur la table.

Faut-il citer encore le *maladroit*, qui laisse tomber à terre deux ou trois pièces à grand fracas; tout le monde se baisse, et, pendant ce temps, deux ou trois compères opèrent de subtiles soustractions sur les enjeux des tableaux; celui qui se penche à outrance, avec, dans les doigts, des morceaux de cire tenus par de minces fils, lesquels sont appliqués sur des louis qu'il retire en se reculant; celui dont la tabatière, enduite de glu, se promène sans cesse aussi près des masses que possible, et mille autres, plus ingénieux les uns que les autres, destinés à corriger la fortune et à apporter aux coups du hasard de sages et sûrs correctifs.

Oserons-nous dire que la surveillance exercée par les inspecteurs, les croupiers, les chefs de partie et les agents de la police particulière du Casino est rigoureuse et d'une grande sévérité, sans nous mettre en contradiction avec tous les traités, pamphlets, brochures, articles de journaux, en mal d'éclairage, dévoilant, chaque jour, les trucs abominables et imaginaires de l'Administration et de ses séides, et ne tendant rien moins qu'à faire du Cercle des Étrangers une repaire de brigands effrontés, dont on ne sort que dépouillé de la manière la plus infâme et la plus absolue.

Au risque de détruire une légende chère aux moralistes austères, ennemis-nés des jeux de hasard, nous déclarerons que, au cours des différents séjours que nous avons faits à Monte-Carlo, nous n'avons jamais rien vu, ni entendu de *basé*, qui put justifier les accusations de trucs et tricheries spéciales. Pour nous, le hasard est le seul maître et les bénéfices qu'elle retire du *zéro*, l'*ami de la maison*, et du *Refait*, soit environ 80,000 fr. par jour, sur les douze tables de roulette et les quatre tables de trente et quarante, suffisent, malgré les frais énormes, pour expliquer la fortune inouïe de la famille Blanc, propriétaire des jeux. Quant à la Principauté, elle perçoit sur les jeux la même taxe ou patente que les Etats et Municipalités du monde entier perçoivent sur les cercles et les maisons où la tolérance est à l'ordre du jour et de la nuit, ce dont nul ne s'est jamais indigné trop bruyamment et la Principauté a du moins ce mérite d'affecter ce tribut au dégrèvement complet des impôts de ses ressortissants.

Il en est de même pour les suicides qui, au dire des journaux *désintéressés*, ensanglantent la Principauté, des histoires de blonde Américaine, qui se jette par la fenêtre, du jeune Russe qui se poignarde après avoir écrit des vers touchants, des cadavres bleuis et grimaçants que charrient les flots d'azur dans la baie de Monaco, des corps que l'on transporte presque journellement à la morgue de marbre blanc du Casino, située juste au-dessous de la salle de roulette!; en un mot, des 4212 joueurs qui, au dire d'un traité que nous avons eu sous les yeux, auraient mis fin à leur guigne à Monte-Carlo, de 1885 à 1892, ce qui donnerait 1 suicide et 65 % par jour, si nous calculons bien. D'après les statistiques et l'état civil, il n'y a, à Monte-Carlo, que *trois* suicides à peu près pour *cent mille* joueurs; l'amour en produit plus et on n'a jamais parlé de le supprimer. Le joueur, en effet, se tue peu; s'il perd, il veut se rattraper, et s'il gagne il s'occupe plus à dépenser joyeusement son argent qu'à faire de mauvaises manières avec un revolver. D'ailleurs, nous ne voyons pas qu'on soit plus navré d'avoir perdu sa fortune à la roulette qu'au Panama, ou dans l'exploitation d'une mine de chocolat même odontalgique, étant donné que l'Administration atténue les désastres par un *viatique* compatissant et réparateur.

Loin de nous de prétendre que le jeu soit moral et recommandable, mais nous posons cette question: La passion du jeu existe-t-elle chez l'homme ou bien a-t-elle été inculquée par le Cercle de Monaco à l'espèce humaine, en vue d'une exploitation éhontée? Oui, cette passion existe et a toujours existé; elle est dans le cœur et les veines de l'homme, comme un virus funeste et héréditaire que rien ne peut entraver. On a retrouvé, dans les stations lacustres, des jeux d'osselets en bois de renne ; les Romains avaient les jeux de dés, de dames, de paumes et des douze lignes, honoraient des divinités, nommées *Joci*, qui présidaient aux jeux ; les Grecs avaient le jeu des dés et le jeu des noix ; Tacite nous apprend que les Germains avaient la passion des jeux de hasard ; le jeu des dés dévasta le moyen âge ; sous la Révolution, cette passion était si effrénée que le Directoire réduisit à neuf le nombre des maisons de jeu de Paris ; les Chinois jouent leurs enfants ; les Indiens jouent leurs doigts et se les coupent après avoir perdu. Donc, pas de doute, universalité de ce penchant naturel et, partant, aucun moyen de le supprimer, négation qui impose la nécessité de le surveiller et de l'endiguer. On jouera toujours envers et contre tout et tous. Qu'il s'appelle revertier, lenturlu, brusquembille, tritrille, pique-médrille, bête ombrée, krabs, biribi, impériale, écarté, poker ou roulette, le jeu procède toujours de ces deux moteurs plus puissants que l'électricité ou la vapeur : l'âpre sensation de la chance à courir et l'espoir du gain obtenu sans travail, avec aggravation de vanité satisfaite, c'est-à-dire qu'il est immortel, comme la luxure ou l'ambition.

Donc et adoncques, il nous paraît plus rationnel et plus honnête de donner à jouer dans un établissement, contre lequel, entre cent mille accusations, on n'a jamais relevé celle de fraude, que de laisser le funeste défaut s'exercer dans des cercles toujours vicieux, que leur multiplicité rend insurveillables et où des Messieurs, fort distingués, qui ont obtenu, dans l'industrie, le grade de chevalier, font faire journellement au roi des sorties anti-protocolaires et à la coupe des sauts de carpe. Tout ce qu'on dira contre Monte-Carlo ne prévaudra pas contre cet axiome: que le jeu est funeste, dangereux, qu'il amène la ruine, le déshonneur, d'accord, mais il existe, et cela suffit.

On fermerait Monte-Carlo, demain, qu'après demain il y aurait mille tripots clandestins où des philosophes, plus endiamantés qu'éclectiques, vous prendraient votre montre dans votre poche, sous prétexte que l'aiguille est sur la noire. A Monte-Carlo, au moins, le jeu est honnête, absolument surveillé et, chose capitale, on ne joue pas sur parole; les tricheries viennent généralement, comme nous l'avons vu, des joueurs qui mettent parfois la main sur une masse laissée sur le tapis et soumise aux chances d'une martingale savante. Et puis, au fait, on n'en veut pas au Cercle de faire jouer, mais de ce qu'on a perdu; ainsi on n'a jamais entendu dire: « Sale boîte, je viens de gagner 5000 francs! » ou: « Canailles, je leur emporte 500 pièces! »

D'ailleurs, sont-ils plus honnêtes, le jeu de la Bourse, autorisé par l'Etat, où l'on spécule à crédit; le jeu des courses, où l'instrument même du jeu peut se fausser soi-même; toutes les loteries du monde, pieuses ou profanes; le jeu du commerce, ensemble de supercheries codifiées, et qui admet toutes les canailleries et toutes les vilenies, dissimulées sous l'euphémisme de *belles affaires*.

De même des croupiers, dont on fait, sans exception, de vils escrocs, qui ne peuvent toucher un billet de banque sans s'efforcer de le subtiliser, et qui dirigent la bille, faisant trente tours en sens inverse du cylindre, dans une case désignée d'avance, comme si cela était possible. Non pas que, dans un temps où l'on voit tant de notaires au bagne, l'on ne puisse rencontrer, dans cette classe, des individus qui étouffent, de temps en temps, en se grattant la nuque, un louis dans le col de leur chemise, mais c'est la très infime minorité, et nous avons vu renvoyer de ces employés pour une peccadille de peu d'importance, quelquefois une simple erreur.

D'où vient la roulette? on l'ignore; elle fut introduite à Paris par le fermier des jeux de l'Hôtel de Sèvres, où elle remplaça le biribi, interdit par Louis XVI. Les appareils de la roulette de Monte-Carlo sont soigneusement vérifiés; ils sortent de chez M. Schwilge, ingénieur opticien, à Strasbourg, et coûtent 1000 fr.; le Casino en possède, en réserve, une cinquantaine, d'une grande précision; lancé fortement, le cylindre ne s'arrête qu'au bout de 12 minutes. Les tapis valent 35 fr. le mètre, ce qui en met, avec les chiffres, d'une valeur de 100 fr., le coût total à fr. 318.75 par tapis. Le soin apporté à la fabrication des appareils de jeu est extrême, car toute imperfection, si elle est profitable à quelqu'un, ne peut l'être qu'au joueur. En effet, si un *ponte* s'aperçoit que la bille tombe plus souvent dans telle partie du cylindre, au lieu d'en avertir la banque, il chargera, immédiatement, les numéros compris dans cette partie, d'où un avantage incontestable pour lui et, partant, une perte pour la banque.

Peut-on gagner, à coup sûr, à la roulette? Problème insoluble, contre lequel se sont acharnés des armées de calculateurs et sont venues se briser les hypothèses les plus basées. Sait-on, entr'autres, que le baron de P. a eu, à Nice, un bureau, où dix employés étaient occupés à calculer, le jour durant, les probabilités possibles et qu'il a été écrit, sur la matière, de quoi garnir une bibliothèque presque circulante. Il y a bien le fameux calcul des probabilités, établi par Pascal, et, après lui, par Fermat, Huyghens et d'autres, et qui pose qu'on regarde comme également possible, c'est-à-dire comme ayant mêmes chances d'arriver aux mêmes probabilités, tous les événements entre les causes desquels on n'aperçoit pas de différences. Au moyen de l'algèbre et de brutales, autant que précises équations, ces savants on démontré, par A plus B, que: la probabilité d'un événement, composé d'un nombre quelconque d'événements simples, réglés les uns par les autres, s'obtient en multipliant la probabilité du premier événement par la probabilité que, le premier étant arrivé, le second arrivera, puis par la probabilité que, les deux premiers étant arrivés, le troisième arrivera et ainsi de suite. Tout ceci, quoique précis et mathématique, est d'une clarté de tunnel, et la personne qui baserait

Les Jardins du Casino de Monte-Carlo

son jeu sur cette théorémisation de la chance, risquerait fort de regagner ses pénates, avec un gousset aux vacuités vertigineuses. Toutefois, il est patent qu'en jouant de manière à avoir pour soi le plus possible de numéros, en calculant exactement que les pertes de chances adverses n'égalent pas les profits des chances heureuses, on arrive, en limitant son bénéfice et en prodiguant sa patience, à condition de ne sortir jamais de sa manière de jouer, à obtenir un résultat favorable et positif. Ainsi, si nous plaçons 40 fr. sur Manque (numéros de 1 à 19) que l'on paie une fois, et 30 fr. sur la dernière douzaine, que l'on paie double, nous livrons bataille à la banque avec 30 chances sur 37 et nous gagnons, à chaque coup, 10 ou 20 francs, tant que les numéros 19, 20, 21, 22, 23, 24 ne sortent pas ; si nous couvrons, avec la moitié du plus petit bénéfice prévu, soit 5 fr., quatre de ces numéros, soit un carré, de manière à atténuer la chance adverse, nous avons beaucoup de probabilités, à la fin de la journée, de réaliser un bénéfice, à moins, bien entendu, d'être propriétaire d'une de ces guignes à double détente, avec lesquelles il n'y a rien à faire qu'à rester couché.

A part cela, tous les systèmes ne sont pas basés, toutes les méthodes sont irréelles, qu'ils s'appellent paroli, tiers et tout, philiberte, séries, massages, montantes, intermittences, jeu des voisins ou autres. C'est alors du hasard, pile ou face, pas autre chose. Une remarque à faire, cependant, pour les gens qui jouent des séries, c'est que, tandis que les numéros rouges et noirs alternent régulièrement, les pairs et les impairs offrent des rapprochements dignes d'être signalés : ainsi, on compte 12 numéros pairs, figurant côte à côte dans le cylindre ; ce sont 6-34, 8-30, 16-24, 14-20, 18-22, 12-28 ; de même pour les numéros impairs, 15-19, 25-17, 27-13, 1-32, 9-31, 7-29, 3-25. Il est évident que les séries sur Pair et Impair doivent être plus fréquentes que sur les autres chances. Aux spécialistes de conclure ! Donnons encore, à titre de curiosité, ces commandements du joueur :

> Sur la rouge tu poseras
> Tes pièces délicatement ;
> La noire tu entoureras
> D'un cercle d'or précieusement ;
> La blonde enfin tu placeras
> Dans ses meubles très gentiment.

Pour terminer cette assez longue digression, que nous fera certainement pardonner l'intérêt passionnant du sujet, une anecdote authentique. Un soir, dans le train, entre la Turbie et Beaulieu, alors qu'un couchant fauve incendiait au loin la mer mauve, nous étions en face d'un vieux joueur, aussi déplumé au moral qu'au physique, qui, pendant que nous regardions, avec toute l'admiration qu'elle méritait, une superbe blonde épanouie comme un camélia de chair rose, avec de doux yeux d'ombre et d'azur, nous dit soudain, avec une philosophie lassée : « La vraie guigne, jeune homme, c'est de ne plus pouvoir jouer le numéro de son âge ! »

Le jeu, s'il en est la plus palpitante, est loin d'être

la plus importante attraction de Monte-Carlo, et il faut rendre justice à l'Administration du Cercle des Etrangers et à la famille Blanc, qui, après avoir dépensé des millions pour édifier Monte-Carlo, bâti une ville neuve, La Condamine, enrichi toutes les villes avoisinantes de Nice à San Remo, ont créé le **Théâtre de Monte-Carlo**, milieu rayonnant d'art, scène incomparable, où les artistes du monde entier peuvent venir se faire entendre et trouvent une généreuse mise en action de leur talent. Construit en 1879, par Charles Garnier, le théâtre est de genre italien, avec façade du côté de la mer; on y arrive par un grand perron composé de trois arcades, surmontées d'œils-de-bœuf et encadrées de deux élégantes tourelles; à droite et à gauche, deux groupes de sculpture, l'un, la *Musique*, dû au ciseau de Mme Sarah Bernhardt, l'autre la *Danse*, de Gustave Doré; les façades latérales renferment des figures décoratives, représentant la *Peinture*, la *Sculpture*, l'*Architecture* et l'*Industrie*. La salle, qui contient 1200 personnes, est une bonbonnière exquise, avec son originale et délicate ornementation de médaillons à la Henri II, et ses grandes voussures qui représentent le *Chant*, par Feyen-Perrin, la *Musique*, par Boulanger, la *Danse*, par Clairin, et la *Comédie*, par Lix, les cinq panneaux décoratifs de sa scène, large de 20 mètres, et le grand motif du milieu, de Gautherin. Sur cette scène, merveille de luxe et de bon goût, ont défilé les plus grands artistes du monde et rayonné cette éblouissante nébuleuse d'étoiles, qui se nomment

Sarah Bernhardt, la Patti, l'Albani, Faure, Gayarré, Maurel, M*mes* Fidès-Devriès, Caroline Salla, Renée Richard, Rosine Block, Galli-Marié, Mauduit, Melba, Franck-Duvernoy, Simonet, Rabany, etc. Pendant toute la saison, c'est une suite enchantée de représentations des plus hauts chefs-d'œuvre lyriques et de concerts classiques et internationaux, dont les interprètes sont aussi célèbres que les maîtres dont ils réalisent l'idéal.

Et lorsqu'on compare le passé au présent, et que l'on se rappelle que c'est sur le sol brûlé des Spélugues, *lieu de désolation aride et abandonné*, disent les historiens, qu'a été édifié ce fantastique Eden d'art et de délices, l'esprit a quelque peine à se rendre compte des miracles réalisés, et l'on pense, malgré soi, à quelque fée bienfaisante, dont la puissance seule aurait pu enfanter ce palais et ces splendeurs, au seuil duquel, contrairement à l'implacable inscription de l'*Enfer* du Dante, on peut écrire ; *Lasciate ogni disperanza, o voi ch'entrate.*

CHAPITRE VII

De Monte-Carlo à Menton. — Roquebrune Cap Martin. — Menton

La route de la Corniche abandonne, au pont de **Saint-Roman**, la Principauté et continue à jeter au flanc audacieux de la montagne ses imposants replis. C'est toujours le même défilé de villas pimpantes, dont les fenêtres enjolivées sourient derrière le voile ondulant des jardins attiédis de parfums; puis la campagne commence, avec sa végétation pâmée, le contraste de ses couleurs, la magie de sa lumière bleuie d'azur; ici, c'est un roc rouge couvert de la moisson claire des euphorbes, qui s'enlève sur le ciel, dans une irradiation blonde de soleil; là un bouquet d'orangers ou de citronniers, du bronze et de l'or qui scintillent dans les feuillages frémissants; plus loin, derrière une panoplie hérissée d'aloès, une maisonnette, inondée de clarté, comme endormie dans la béatitude, près d'un pin parasol à la gracieuse chevelure, ou d'un olivier monstrueux, digne d'abriter

Minerve, et partout la mer qui montre, chaque jour, une tunique d'un bleu nouveau, d'une teinte de fleur, pervenche ou bluet, d'une nuance de pierreries, lazulite ou turquoise, et que la brise plisse voluptueusement de sa caresse continue, tandis que vers les grèves, les écumes la sèment de diamants et la brodent de flottantes dentelles.

Sur les contreforts de l'Agel, collé à la montagne, comme accroché aux aspérités du roc, avec des ruines de décor d'opéra-comique, le village de **Roquebrune**; on raconte que flanqué, jadis, plus haut encore, il dégringolait vers la mer happeuse, lorsque des racines de genêts l'accrochèrent en route, et la chanson populaire dit :

> Roquebrune a glissé,
> Trois genêts l'ont arrêté.

Un chemin, hâché de degrés, qui s'insinue dans les délices d'une flore d'une beauté immodeste, conduit aux rues dallées, étouffées sous des voûtes, jusqu'à l'église de Ste-Marguerite, qui possède une copie du *Jugement dernier* de Michel-Ange, et, plus haut, jusqu'au château délabré, aux salles tristes et aux escaliers branlants, qui appartint aux Grimaldi. Cette antique masure féodale, réchignée et décrépite comme une vieille, plane radieusement sur une vue idéale et, du haut de son esplanade, élevée de trois étages, embrasse le panorama indescriptible de la côte aux molles sinuosités.

Au bas, **Cabbé**, petite station du P.-L.-M., et, très

près, la masse sombre du **Cap Martin**, couvert de son imposante forêt de pins et d'oliviers de plusieurs centaines d'hectares, qui abrite un hôtel luxueux où S. M. l'empereur d'Autriche vient faire de fréquentes villégiatures. Une large voie se détache de la route

Roquebrune et la route de la Corniche

de la Corniche et serpente sous une ombre bienfaisante, avec l'étrange et lointain miroitement de la mer au travers des arabesques des feuillages.

Près du Sémaphore, qui domine de sa tour le Cap tout entier, sont les ruines de l'antique Monastère de *Saint-Martin*, riche abbaye de femmes, sur lequel

M. Desverignanes raconte, dans son volume, **Menton**, la tradition que voici :

« Au moment où les Sarrasins commençaient leurs excursions sur le littoral, et où le nom des Infidèles emplissait d'un juste effroi tous les cœurs, les nonnes de l'abbaye, qui avaient rendu quelques services aux gens de Roquebrune, obtinrent de ceux-ci qu'ils se feraient les gardiens vigilants du couvent. Il fut donc convenu que si un péril inattendu menaçait le monastère, la grosse cloche, mise en branle, ferait arriver les protecteurs. Or, par une nuit noire, tout d'un coup les sons éloignés de la cloche vinrent subitement jeter la consternation et l'épouvante parmi les habitants de la ville haute. « Aux armes ! Aux armes ! » Ce cri retentit de toutes parts ; les hommes valides s'assemblent et descendent en grande hâte, pendant que femmes et vieillards, prosternés dans l'église, prient pour ceux que la mort menace. Cependant, nos braves auxiliaires courent, bondissent, poussent des cris sauvages et atteignent enfin, anxieux, le cloître. Un silence de mort règne. Seraient-ils arrivés trop tard ? On escalade les murs, on pénètre dans la cour intérieure et là, soudain, un long rire argenté éclate ; ce sont les nonnains assemblées qui laissent libre cours à leur hilarité. Les Roccabrunasques se fâchent, mais la sœur abbesse intervenant : « Nous avons voulu voir, dit-elle, si vous tiendriez vos promesses et si vous viendriez à notre secours. » Maintenant, les guerriers, tout penauds, regagnent leurs hauts repaires, murmurant un peu contre cette mystification.

A quelques nuits de là, la cloche du couvent resonne de nouveau. « Bon, dit-on à Roquebrune, voilà les nonnains qui s'amusent et veulent rire à nos dépens! » Et chacun de s'endormir d'un profond sommeil. Le lendemain, la lumière du jour montra aux yeux des Roccabrunasques terrifiés le couvent dévasté, saccagé; quelques cadavres jonchaient le sol; la majeure partie des nonnains avait disparu; les Sarrasins avaient passé par là cette fois, et le son de la cloche était bien un signal d'alarme. Et voilà comment — selon une tradition qui rappelle étrangement la fable d'un certain berger de La Fontaine qui perdit son troupeau, pour avoir trop crié au loup sans nécessité — fut pillé et détruit le monastère de St-Martin. »

Il y a encore sur le Cap Martin les traces d'une voie romaine, probablement la *Via Aurelia*, sur laquelle est construite la route qui, après avoir rejoint le sémaphore et abouti au plateau de la Faisanderie, retrouve la grande route de Monaco. Près de ce chemin, les oliviers abritent de leur voûte légère à l'ombre d'argent, une petite ruine, formée de trois arcades, avec des vestiges de fresques, le tout émietté par le temps, mais dont la robustesse et les lignes générales permettent de reconnaître l'origine romaine. C'est tout ce qui reste d'une ville de quelque importance, dont parle l'*Itinéraire d'Antonin*, et qui se serait appelée Lumon ou Lumone.

Quand on a passé le pittoresque renflement du Cap Martin, la campagne prend l'apparence d'une richesse et d'une fertilité incomparables, tandis que la mer s'évase subitement et que les vagues poudrées d'argent et striées d'ombres lumineuses, aux délicates demi-teintes, se pressent comme une innombrable armée d'invasion, accourant des confins de l'horizon, dont rien n'obscurcit plus l'infini.

On passe près du domaine et du palais de **Carnolès**, résidence favorite du prince Antoine Ier de Monaco, qui l'avait acheté en 1717 du Monastère de Lérins, dont les religieux en étaient propriétaires depuis le XIe siècle.

Puis **Menton** apparaît, entre ses deux baies opulentes, où des flots assoupis et assagis viennent se briser avec un éternel murmure, Menton, la ville blanche et lassée, Menton, dont la flore si riche, comme une immense vague embaumée, monte, caressante et calme, au flanc des hautes montagnes.

Dans ce golfe, qu'on a appelé le Golfe de la Paix, la mer est engourdie de béatitude et elle semble moirée et pâlissante sous les frissons de parfums, que les brises des jardins somptueux exhalent au loin, senteurs douces de violettes, haleines de roses ou souffles plus doux des mimosas et des jasmins. A côté de coquetteries subtiles, la nature sur cette terre forte, embrasée de soleil, s'est laissée aller aux fougues de sa plus éblouissante vigueur; ce sont des forêts profondes d'oliviers monstrueux, aux troncs caverneux, aux branches colossales que les siècles ont contorsionnées et qui projettent vers le ciel le rejaillissement argenté de leurs feuilles aux éclairs pâles, puis des palmiers trapus, gorgés de sève, où l'on sent la tiédeur de la vie, des pins nerveux, aux ramures vivaces, qui mettent sur les flancs des monts le manteau ondulant de leur mystérieuse verdure.

D'après une légende, lorsque Adam et Eve furent chassés du Paradis terrestre, Eve déroba, à l'insu de l'Ange vengeur, un citron qu'elle dissimula on ne sait trop où, peut-être dans les ondes épaisses de sa blonde chevelure, dont il avait les reflets dorés. Partis par l'étendue du monde, à la recherche d'un pays qui pût remplacer le paradis perdu, ils se trouvèrent un jour à Menton. Là, éblouis, ayant enfin trouvé ce qu'ils cherchaient, ils s'arrêtèrent et Eve jeta le citron dans la terre fertile, en disant: « Crois et foisonne, ô fruit du ciel, dans ce jardin digne de toi. » Et de toutes parts, les citronniers illuminent la plaine de la flambée claire de leurs rameaux lustrés, houle fauve que rien n'arrête et où chaque mois, à côté des fruits d'or, moisson de ce nouveau jardin des Hespérides, les fleurs pâles ouvrent leurs troublantes corolles nuptiales dont les Califes affolèrent l'Espagne. C'est une joie qui s'épand, une jeunesse qui s'épanouit, de la lumière dont la terre en folie se couronne et s'illumine. Et à l'infini, des allées s'ouvrent, ont l'air de venir au devant de vous, de s'offrir, comme des retraites aux teintures flamboyantes et cuivrées, où l'on se sent soudain enveloppé d'une aube de parfums et de flammes.

On a peu de documents sur l'histoire de Menton, qui fut, vraisemblablement, le faubourg privilégié de cette station romaine de Lumone, dont nous avons vu les ruines au Cap Martin. On attribue l'étymologie de Menton à la victoire remportée par Othon sur les troupes de Vitellius : *Memoria Othonis*. D'autres historiens prétendent qu'elle fut fondée par des pirates africains, en 714 ; le fait est que les Sarrasins habitèrent le pays dont ils furent chassés par Guillaume de Provence. Puis Menton appartint aux comtes de Vintimille, vassaux de Gênes. Un des premiers documents qui parlent de Menton est un acte de 1250, qui nous la montre appartenant à la famille Vento de Gênes et celle-ci l'érigeant en commune. En 1346, Charles Grimaldi, seigneur de Monaco, achète le fief de Menton de la famille Vento, et en 1355 la seigneurie de Roquebrune. Depuis cette époque, les deux villes font partie des possessions des Grimaldi, jusqu'en 1793, où elles furent annexées à la France. Les Grimaldi reprennent, en 1814. leurs droits sur elles. mais elles se révoltent contre leurs princes en 1848, se constituent en villes libres, sous le protectorat de la Sardaigne, pour être, en 1860, annexées à la France définitivement, avec le comté de Nice.

Comme la plupart des cités provençales, Menton se compose de deux parties distinctes, la vieille ville et la ville neuve. La première reflète l'empreinte des époques disparues, maisons pressées montant en étages abrupts jusqu'à l'esplanade d'un château féodal, rues obscurcies de voûtes, accolées de ruelles dallées, arcades ogivales et, au bas, vers la mer, débris de hautes murailles où se voient encore les squelettes des antiques tours de garde. Au haut, la vieille porte

MENTON

du castel de Jean II, repaire des Sarrasins, tout ce qui reste d'une splendeur définitivement envolée et à la place du donjon un cimetière, où un ruissellement de roses candides cherche à voiler le spectacle de l'inévitable aboutissement.

Il y a peu de monuments curieux dans cette cité aux artères étroites : l'ancien manoir des princes de Monaco, lourde construction du XVII° siècle et l'église paroissiale de St-Michel, le patron de la ville, où sont des reliques, entr'autres le bâton d'une croix fait d'une hampe d'étendard turc, pris par les Mentonnais à la bataille de Lépante. Dans cette cité moyenâgeuse se parle le patois mentonnais, curieux dialecte composé de français, d'italien, de provençal, d'espagnol et d'arabe. La ville neuve, avenues Félix Faure, Carnot et de la Gare, présente l'aspect luxueux d'une grande station d'étrangers, avec de brillants magasins et de monumentaux hôtels. La superbe Promenade du Midi, qui ceinture la mer d'un majestueux boulevard de près de trois kilomètres, prolongé du Port au Cap Martin, est à Menton, ce que la Promenade des Anglais est à Nice, c'est-à-dire le lieu de réunion de la grande société cosmopolite et l'emplacement où se déroule l'éblouissante théorie des fêtes du Carnaval.

Le port, bâti sous Napoléon III, est un des plus sûrs du littoral, grâce à ses quais vastes et à son mur d'enceinte, qui se relie à une ancienne tour de vigie de style roman.

Le quai Bonaparte conduit dans la baie Est, vers

Garavan, quartier de luxe, où, dans les berceaux que forment les dernières inclinaisons de la montagne, s'abritent de beaux hôtels et une foule de pimpantes villas. Là, la mer semble s'être circonscrite, pour cadrer avec la joliesse sensuelle du paysage, dont les couleurs vives, baisées de lumière et le charme très spécial sont développés et accrus par les délices de coquettes architectures et les retombées folles de fleurs pâmées, écrasées de parfums, le tout dans le cirque des collines rocheuses qui s'estompent d'un poudroiement de rayons tendrement azurés. Au loin, la route pousse implacablement dans la montagne sa ligne blanche qui monte, monte encore et s'en va vers l'Italie, dont on aperçoit, au loin, les perspectives fuyantes, avec de pâles profils de villes blanches, vêtues de la gaze miroitante des flots transparents.

Les environs de Menton n'ont pas de jardins, ils en sont un seul, immense et merveilleux. Ce sont les cavernes ou grottes de **Baoussé-Roussé,** où l'on a découvert des débris humains et des armes préhistoriques, le **Val de Menton,** où s'allonge, dans une grève de fleurs, le ruisseau le Fossan, **Castellar,** vieille forteresse démolie, qui cache ses blessures dans les oliviers et au-dessus le **Berceau,** ou **Roc d'Orméa,** qui dresse, à 1113 mètres, son belvédère majestueux. Le **Val de Careï,** par des sites où le riant le dispute au grandiose, avec de curieuses alternatives, mène à **Sospel,** que nous connaissons, par les **Monti,** le bourg de l'**Ora** et **Castillon,** citadelle sarrasine calcinée et démantelée, dont la guerre et les cataclysmes ont ravagé les hautaines murailles. Du Carcï, un sentier conduit au couvent de l'**Annunciata**, au sommet d'une colline et où des frères capucins gardent le tombeau de la famille de Monléon. Le **Val de Boïrig** aboutit à gauche aux **Cabrolles**, hameau trempé de pittoresque, par un ravin dont la solitude sinueuse a un grand charme et, à droite, par le **Vallon des Châtaigniers** et des sentiers montueux et audacieux, au village de **Ste-Agnès**, au-dessus duquel est un château hardi, dont une fenêtre crevée apparait comme un trou d'azur. Ce castel fut, au Xe siècle, un des principaux repaires des Sarrasins et sur ces ruines, qui gardent quelque chose de l'héroïsme chevaleresque du moyen âge et des aventureuses épopées guerrières, plane la mémoire poétique et sentimentale des amours du Maure Haroun et de la chrétienne Sarah, au temps où la foi triomphait de la passion, dans une belle apothéose sensuelle et mystique. Le **Val de Gorbio**, que ferme le village de **Gorbio**, est une serre close par les collines surplombantes, où les fleurs les plus rares s'épanouissent, sur des contreforts accidentés, dans une adorable confraternité parfumée, éparses au sein d'exquises verdures, auxquelles des sources et des ruisseaux jaillissants font une double auréole de fraîcheur et de gaieté.

TABLE DES MATIÈRES

Chapitre	I. — Nice. — Impressions d'arrivée. — La ville. — Rues et monuments. .	3
Chapitre	II. — Notice historique sur Nice	28
Chapitre	III. — Les Niçois. — Mœurs. — Coutumes. — Idiome	49
Chapitre	IV. — Climat de Nice. — Thérapeuthique. — Les étrangers. — La saison à Nice.— Fêtes et distractions. Flore. — La Méditerranée. — Marées et Faune	59
Chapitre	V. — Promenades au pays niçois . . .	93
Chapitre	VI. — Principauté de Monaco. — Histoire. — Descriptions. — Monte-Carlo	184
Chapitre	VII. — De Monte-Carlo à Menton. — Roquebrune. — Cap Martin. — Menton	241

TABLE ALPHABÉTIQUE

A
Abbé (pont de l') 134
Agaisen (mont) 157
Annunciata 253
Aspremont 130, 152
Aspremont (ville vieille) . . . 133

B
Bairols 134
Baoussé-Roussé (grottes de) . . 252
Bararoussa 133
Barbonnet (fort de) 158
Barres-du-Loup 120
Baudon (pic de) 188
Beaulieu 177
Berceau (le) 252
Beuil 137
Boïrig (val de) 253
Bonson 130
Braüs (col de) 156
Breil 157
Broc 130

C
Cabbé 242
Cabrolles 253
Cagnes 119
Caïnée (la) 144
Cap Ferrat 162, 175
Cap Martin 243
Careï (val de) 252
Carnolès 246
Carros 130
Castagniers 130
Castalet 156
Castellar 158, 252
Castillon 158, 252
Cercle d'Étrangers de Mte-Carlo 205
Charles-Albert (pont) 130
Charmette (mont) 157
Château de Nice 93
Châteauneuf 143
Châteauneuf (grottes de) . . . 144
Châteauneuf d'Entraunes . . . 138
Chauves-Souris (grottes des) . 152
Cians 134
Ciaudan (défilé du) 133

Cimiez 105
Clans 134
Codelis 156
Cœur (montagne de) 153
Colomars 130
Corniche (route de la) . . 160, 161
Couteu (mont) 160

D
Drap 145, 155
Drette (la) 162
Duranus 146

E
Entraunes 138
Entrevaux 138
Escarène 155
Eze 178

F
Falicon 151
Feuilleries (le) 162, 175
Fontaine-Sainte 103

G
Gairaut 103
Gattières 127
Gilette 130
Gorbio 253
Gorges du Cians 137
Gorges du Loup 127
Gorges de la Vésubie . . 130, 151
Gourdon 127
Grasse 127
Guillaumes 138

H
Hippodrome du Var 119

I
Isola 134

J
Jardin d'acclimatation de Nice . 119
Jardin zoologique de Nice . . . 117

L
La Colle 120
La Condamine 205
La Mescla 133

— II —

	Pages		Pages
Lantosque	151	Roccasparviera	242
La Tinée	133	Roquebillière	130
La Tour-sur-Tinée	134	Roquebrune	242
La Turbie	163	Roquesteron	144
La Turbie-sur-Mer	183	Roquette-sur-Var (la)	130
Levens	130, 133, 146	Roubion	134
Lingostières	129	Roure	134
Loup (viaduc du)	127	Roussillon	134
Lucéram	156		

M

Madeleine (la)	105, 125	St-Agnès	158, 253
Magnan	105	St-André	142
Malaussène-Moissans	134	St-André (grotte)	142
Marie-St-Sauveur	134	St-Blaise	153
Menton	246	St-Dalmas-le-Selvage	135
Menton (val de)	252	Ste-Dévote (chapelle)	205
Mille-Fourches (mont)	157	St-Etienne-de-Tinée	135
Monaco	185	St-Hospice	174
Mont-Agel	163	St-Isidore	125
Mont-Alban	154	St-Jean	174
Mont-Bastide	183	St-Jean-la-Rivière	151
Mont-Boron	153	St-Jeannet	127
Mont-Chauve	154	St-Martin (Jardins de)	185
Monte-Carlo	207	St-Martin-d'Entraunes	138
Monte-Carlo (casino de)	209	St-Martin-du-Var	130
Monte-Carlo (théâtre de)	239	St-Martin-Vésubie	130
Mont-Gros	160	St-Paul	120
Monti (les)	252	St-Pons	147
Mont-Leuze	161	St-Roman	244
Mounier (mont)	137	St-Sylvestre	105
Mouraille (fontaine de)	102	Saorge	158
		Sospel	156

N

		T	
Nice	6	Temple (Fontaine du)	103
Nice (port de)	14	Tête-de-Chien (la)	163
Nice (vieille ville)	14	Touët-de-Beuil	134
Nice (ville moderne)	16	Tour de la Santé	170
Notre-Dame des Fleurs	122	Tourrette-Levens	142
Notre-Dame de Laghet	168	Tournefort	134
		Tourrettes	122, 127
O		Trinité-Victor (la)	155, 168
Observatoire	160	Trophée d'Auguste	164
Ora	252		
Ora (pont de l')	158	**U**	
Ours (mont)	158	Utelle	130, 151

P

		V	
Palais de Monaco	189	Vallon des Châtaigniers	253
Peille	158	Vallon des Fleurs	106
Peillon	158	Vallon des Myrtes	161
Pierrefeu	141	Vallon obscur	104
Pisfolchier	156	Var	119
Plan-du-Var	130	Vence	121, 127
Puget-Théniers	129, 137	Vésubie (la)	130
		Ventabren (mont)	157
Q		Villars-sur-Var	134
Quatre-Chemins	161, 183	Villefranche	170
		Villefranche (col de)	153
R		Villeneuve-d'Entraunes	138
Revère (la)	162		
Rimplas	134		

RENSEIGNEMENTS GÉNÉRAUX

NICE

Corps Consulaire

Allemagne. — Consul : M. le baron de Redwitz, 14, rue Foncet. — De 9 h. à midi.

Angleterre. — Consul : Sir James-Charles Harris, 4, place Bellevue, villa des Rochers, à Mont-Boron. — De 9 h. à midi.

Autriche-Hongrie. — Consul : M. le comte Gurowski de Wezèle, château Mont-Boron, boulevard Carnot. — De midi à 2 h.

Belgique. — Consul : M. J.-B. Maïstre, 8, quai Massena. — De 10 h. à midi et de 2 h. à 4 h.

Bolivie. — Consul : M. A. Vercherin, 15, promenade des Anglais. — De midi à 3 h.

Brésil. — Vice-consul : M. F. Crossa, 13, rue Masséna. — De 10 h. à 3 h.

République de Costa-Rica. — Consul : M. Coriat y Coriat, rue Foncet, 6. — De midi à 2 h.

Colombie. — Consul : M. A. Tribes, 25, avenue de la Gare. — De 8 h. à 11 h.

Danemark. — Vice-consul : M. Alf. Florès, 4, avenue Masséna. — De midi à 2 h.

Espagne. — Consul : M. E. Gambart, 8, avenue Masséna. — De 10 h. matin à 5 h.

Etats-Unis. — Consul : Major Wilburn de Hall, 15, promenade des Anglais. — De 9 h. matin à 1 h.

Grèce. — Consul : M. F. Pocellan, 48, rue Gioffredo. — Lundis, mercredis et vendredis, de 9 h. à 11 h. et de 2 h. à 4 h.

Haïti. — Consul : M. E. Muscat, 3, rue de l'Escarène. — De 9 h. à midi.

Italie. — Consul général : M. M. Simondetti, 6, place Masséna. — De 9 h. ½ à midi et de 1 h. ½ à 4 h.

Mexique. — Consul : M. E. Usquin, villa des Orangers, rue Gounod. — De 10 h. à midi et de 3 h. à 5 h.

Principauté de Monaco. — Consul : M. d'Auzac, 3, rue Garnier. — De 9 h. à 11 h. et de 2 à h. 4 h.

Nicaragua. — Consul : M. Risso, 5, place Garibaldi. — De 10 h. à midi.

Paraguay. — Consul : M. Letainturier-Fradin, villa Bielle, Petite avenue St-Maurice. — De 8 h. à midi.

Pays-Bas. — Consul : M. Zegers Veeckens, 13, rue Masséna. — De 10 h. à midi.

Pérou. — Consul : M. Tribes, 25, avenue de la Gare. — De 8 h. à 11 h.

Perse. — Consul : M. F. Drouet, villa Belge, place Sasserno.

Portugal. — Consul : M. le chevalier Garin de Coconato, 17, place St-Dominique. — De 10 h. à midi et de 3 h. à 5 h.

République Argentine. — Consul : M. E. Vigoureux, villa des Epis, 22, rue de Paris. — De 10 h. à midi.

République Dominicaine. — Consul : M. Blanqui, Au Pont Magnan. — De 10 h. à midi et de 2 h. à 4 h.

Roumanie. — Consul : M. A. Gautier, villa Beau-Site, 12 bis, boulevard Carabacel. — De midi à 2 h.

Russie: Consul : M. de Batourine, 30, rue Meyerbeer. — De 9 h. à midi.

St-Marin. — Consul : M. Astraudo, 33, avenue Beaulieu.

Suède et Norvège. — Consul : M. Maïstre, 8, quai Masséna. — De 10 h. à midi et de 2 h. à 4 h.

Suisse. — Consuls : MM. Müller, Mayni, 3, rue Charles-Albert. — De 10 h. à midi.

Turquie. — Vice-consul : M. Bernard-Attanoux, 6, quai Lunel. — De 10 h. à midi.

Uruguay. — Consul : M. Carassale, 3, rue Garnier. — De 9 h. à 11 h. ½ et de 2 h. à 5 h.

Venezuela. — Consul : M. Barraya, 11, rue Cassini. — De 2 h. à 4 h.

Eglises et Cultes

Eglise Evangélique, 50, rue Gioffredo. — M. Malan, pasteur de langues française et italienne, au Presbytère. — Heures des services français : les dimanches, à 9 h. du matin pour les enfants, à 10 h. ½, culte principal avec prédication, à 8 h. soir, méditation. — Heures du service italien: les dimanches à 3 h. et les jeudis à 8 h. soir.

Eglise Evangélique, dite Baptiste, 1, rue Grimaldi. — M. A. Long, pasteur, villa Juge-Audiffret, rue Verdis. — Heures des services : les dimanches, à 9 ¼ h. du matin, pour les enfants, à 10 ½ h., culte avec prédication. Réunion d'évangélisation, mercredis, vendredis, dimanches soirs à 8 h.

Eglise Episcopale Anglicane, place Anglicane. — Révérend John Langford, chapelain. — Heures des services: les dimanches, à 8 ½ h., à 11 h. du matin et à 3 h. du soir, les mercredis et vendredis à 11 h. du matin.

Eglise du Christ, 3, avenue Notre-Dame. — Révérend C.-M. Tower, vicaire. — Heures des services: les dimanches à 8 ½ h. et 11 h. du matin, communion, sermon à 3 h. du soir.

Église Écossaise, 18, boulevard Victor-Hugo. — Révérend John Irving, M. A. of Inellan, chapelain. — Heures des services: les dimanches à 11 h. du matin et à 8 h. du soir, les jeudis à 11 h. du matin.

Église Allemande, rue d'Augsbourg. — M. Mader, pasteur. — Heure du service : les dimanches à 10 1/2 h. du matin.

Église Américaine, 21, boulevard Victor-Hugo. — Révérend Adamson, pasteur. — Heures des services : les dimanches et jours fériés, à 11 h. du matin et à 3 h. du soir.

Culte Orthodoxe Gréco-Russe, 6, rue Longchamp. — Révérend Lubimoff, aumônier. — Heures des services : les mercredis à 10 h. du matin, les samedis et la veille des jours fériés, à 5 h. du soir, les dimanches et fêtes à 10 1/2 h. du matin.

Temple Israélite Consistorial, 7, rue St-Michel. — M. Honel-Meiss, rabbin. — Heures de services : le vendredi à 4 1/2 h. du soir et le samedi à 8 1/2 h. du matin, les autres jours à 7 1/2 h. du matin et à 4 1/2 h. du soir.

Temple Israélite Réformé, 19, rue du Palais — M. Simon-Lévy, ministre officiant honoraire. — Offices : du lundi au vendredi, à 7 h. du matin, samedis et fêtes, à 8 h. du matin.

Renseignements postaux

HEURES DU DÉPART DES TRAINS

Antibes, Cannes, Draguignan, Grasse, Toulon, 5 h. 30 matin. — Beaulieu, Menton, Monaco, Italie, 6 h. 45. — Ligne de Vence, 6 h. 40. — Ligne du Sud, Puget-Théniers, 6 h. 50 matin.

Escarène, Aspremont, Tourette, Levens, Contes, Drap et la Trinité, 5 h. 45 matin.

Marseille, Hyères, Grasse, Draguignan, 8 h. 07. — Ligne du Sud, ligne de Grasse, midi 45. — Ligne de Puget-

Théniers, 11 h. — Menton, Monaco, Monte-Carlo, Breil, Fontan, Sospel et l'Italie, 11 h. 50 matin. — Ligne de Nice à Toulon, littoral, midi 15. — Lyon, Paris, Cette et Bordeaux, étranger, 3 h. 05 soir. — Nice à Marseille, Lyon, Paris, départements, étranger, 3 h. 21 soir. — Marseille. Lyon, Paris, Cette, Bordeaux, étranger, 4 h. 45. — Ligne du Sud, Grasse, 5 h. 25 ; Côté Puget-Théniers, 5 h. 35.

La Corse par Bastia, tous les mercredis, 4 h. 30 soir. — Par Ajaccio, le samedi, 5 h. 30 soir.

Courrier de Nice à Fontan, 8 h. 45 soir.

Marseille à Paris, départements, étranger. — Ligne de Nice à Menton et Italie, 10 h. 30 soir.

Ambulant de Nice à Marseille, Lyon, Aix, Antibes, Cannes, Draguignan, Toulon, 1 h. 05 matin.

DISTRIBUTION DES COURRIERS

1ᵉ Distribution : 7 h. matin.
2ᵉ   »   8 h. matin (Nice et banlieue).
3ᵉ   »   9 h. ½ matin (Ligne du Sud de Nice).
4ᵉ   »   2 h. soir (Paris, Nice et ligne du Sud).
5ᵉ   »   3 h. 30 soir (Paris, étranger, Nice et banlieue).
6ᵉ   »   6 h. soir.

POSTES ET TÉLÉGRAPHES

Bureau central des postes et télégraphes, place de la Liberté.

Bureaux mixtes, place Garibaldi, place Grimaldi, avenue de la Gare, 68.

Médecine publique et assistance gratuite

M. le docteur Balestre, médecin-inspecteur, 3 place Masséna.

Trésorerie générale

M. Martin Métairie, trésorier-payeur général, 17, place St-Dominique.

Notaires

M. Sajetto, 2, place St-François. — M. Ginesy, 8, rue de la Préfecture. — M. Masse, 7, rue du Pont-Neuf. — M. Moriez, 4, place Charles-Albert. — M. Muaux, 4, rue Charles-Albert. — M. Pineau, 23, avenue de la Gare. — M. Giraud, 7, avenue de la Gare. — M. Salvi, 8, quai St-Jean-Baptiste.

Service sanitaire

Agent : M. le D' Maurin, 5, rue Papacino.

Banques

Banque de France, succursale, 13, quai du Midi. Domergue, directeur.
Banque Populaire de Nice, 46, rue Gioffredo.
Caisse de Crédit de Nice, 1, rue Gubernati.
Comptoir National d'Escompte de Paris, succursale, 58, rue Gioffredo.
Crédit Lyonnais, 15, avenue de la Gare.
Société Générale, 64, rue Gioffredo.

Etablissements publics

Bureau de bienfaisance, siège, 4, rue de la Préfecture.
Caisse d'épargne de Nice, place St-François.
Hospices, établissements de bienfaisance de Nice, comprenant l'Hôpital de Saint-Roch et l'Hospice de la Charité, siège, Hôpital Saint-Roch, place Defly.
Mont-de-piété de Nice, 1, rue Ste-Clotilde.
Mont-de-piété gratuit de la Miséricorde, 2, place de la Préfecture.
Fondation Furtado-Heine, 61, promenade des Anglais.
Dispensaire Laval pour enfants malades, villa Genesy, au Pont-Magnan.
Asile de nuit et Bouchée de pain, rue du Sénat.

TARIF DES VOITURES DE PLACE DE NICE
à partir du 11 novembre 1898

Le service de nuit commence à 7 h. du soir, du 15 octobre au 15 avril, à 10 h. du soir, du 15 avril au 15 octobre, et finit à 7 h. du matin en toute saison.

Courses en ville, déterminées par des poteaux :

Voitures à 1 cheval, à 2 places : jour fr. 1.—. Nuit fr. 1.50.
Voitures à 1 cheval (coupé) : jour fr. 1.25. Nuit fr. 1.75.
Voitures à 1 cheval (landau) : jour fr. 1.50. Nuit fr. 2.75.
Voitures à 2 chevaux, à 2 ou 4 places : jour fr. 2.—. Nuit fr. 3.—.

Courses dans la banlieue, déterminées par des poteaux :

Voitures à 1 cheval, à 2 places : jour fr. 2.—. Nuit fr. 2.50.
Voitures à 1 cheval (coupé) : jour fr. 2.50. Nuit fr. 3.—.
Voitures à 1 cheval (landau) : jour fr. 3.—. Nuit fr. 3.50.
Voitures à 2 chevaux, à 2 ou 4 places : jour fr. 4.—. Nuit fr. 5.—.

Tarif de la course applicable aux voitures prises à la Gare du Sud, circulant entre la gare et les bureaux d'octroi de St Etienne et de St-Maurice.

Tarif à l'heure, dans le périmètre du rayon de l'octroi de la ville :

Voitures à 1 cheval, à 2 places : jour fr. 2.50. Nuit fr. 3.—.
Voitures à 1 cheval (coupé) : jour fr. 3.—. Nuit fr. 3.50.
Voitures à 1 cheval (landau) : jour fr. 3.50. Nuit fr. 4.—.
Voitures à 2 chevaux, à 2 ou 4 places : jour fr. 5.—. Nuit fr. 6.—.

Tarif à l'heure, pour les courses dont la destination se trouve entre le rayon de l'octroi et les limites de la commune :

Voitures à 1 cheval, à 2 places : jour fr. 3.50. Nuit fr. 4.—.
Voitures à 1 cheval (coupé) : jour fr. 4.—. Nuit fr. 4.50.
Voitures à 1 cheval (landau) : jour fr. 4.50. Nuit fr. 5.—.
Voitures à 2 chevaux, à 2 ou 4 places : jour fr. 6.—. Nuit fr. 7.—.

Un certain nombre de promenades, dont on trouvera le détail dans les voitures, sont tarifées à un prix fixe. Pour le corso, batailles des fleurs et courses du Var, le prix devra être traité avec le cocher.

Voitures publiques

Omnibus de la ville, service de la gare P.-L.-M. — Station, 4, rue Dalfrozzo. — A tous les trains, prix 0,40 c.

Service de la gare du Sud. — Station, hôtel du Chapeau-Rouge, 34, boulevard St-Jean-Baptiste. — A tous les trains, prix 0,30 c.

Services réguliers pour :

Cagnes. — Station, boulevard Mac-Mahon, 34. — Correspondance avec Vence, La Colle, St-Paul. Départs : 10 $\frac{1}{2}$ h. matin et 1 $\frac{1}{2}$ h. soir. Trajet 1 $\frac{1}{2}$ h., prix 0,70.

Caucade. — Station, boulevard Mac-Mahon, 28. — Départs : 6 h., 9 h., 11 h., matin, 2 h., 4 h. 6 h. soir, prix 0,30 c.

Cimiez. — Station, boulevard Mac-Mahon, 28. — Départs : 9 h., 11 h. matin, 2 h., 4 h., 6 h., soir. Trajet $\frac{1}{2}$ h., prix 0,40 c.

Contes. — Station, place St-François. — Départs : 6 h., 10 h. matin, 3 $\frac{1}{4}$ soir. Trajet 3 h., prix fr. 1.—

Fontan, Sospel et Coni. — Station, hôtel de l'Aigle d'Or, place St-François. — Départ : 8 h. 30 soir. Trajet pour Fontan, 10 $\frac{1}{2}$ h., prix fr. 6.— Pour Coni, 21 h., prix, coupé fr. 12.—, intérieur, fr. 11.—.

La Turbie, le Laghet. — Station, Comptoir du Soleil, rue de La Tour, près le boulevard du Pont-Vieux. — Départs : 6 h. matin, 4 $\frac{1}{2}$ h. soir. Trajet 4 h., prix fr. 1.25.

La Trinité-Victor, Drap. — Station, café de Rome, quai St-Sébastien. — Départs : 7 h., 9 h., 11 h. matin, 2 h., 5 h., 7 h. soir. Trajet 1 h.: prix 0,30 c. à la Trinité et 0,40 c., à Drap.

Villefranche. — Station, place St-François. — Départs toutes les heures. Trajet 20 minutes, prix 0,30 c.

Levens. — Station, hôtel du Chapeau-Rouge, 34, quai St-Jean-Baptiste. — Départs : 6 h. matin, 2 h. 30 soir. Trajet 4 h., prix fr. 1.50.

Luceram. — Station, place St-François. — Départs : 6 h. matin, 2 h. 30 soir. Trajet 4 h., prix fr. 1.50.

Monaco. — Station, 30, boulevard Mac-Mahon. — Départs : 10 h. matin et 2 h. soir. Prix fr. 3.—, aller et retour fr 5.—.

Peille. — Station, Comptoir du Soleil, rue de la Tour. — Départ : 2 $1/2$ h. soir. Trajet 2 $1/2$ h., prix fr. 1.—.

St-André. — Station, 16, quai St-Jean-Baptiste. — Départs : 9 h., midi, 2 h., 5 h. soir. Trajet 30 m., prix 0,50 c.

St-Jean. — Station, 28, boulevard Mac-Mahon. — Départs : 5 $1/2$ h., 8 h., 9 h., 10 h., 11 h. matin, 2 h., 4 h., 6 h., 7 h. soir. Trajet 45 min., prix 0,60 c.

St-Isidore. — Station, 16, quai St-Jean-Baptiste. — Départs : 10 h. matin, 2 h. 45 et 3 h. 50 soir. Trajet 1 h., prix 0,60 c.

St-Laurent-du-Var. — Station, 34, boulevard Mac-Mahon. — Départs : 8 $1/2$ h., 10 $1/2$ h. matin, 1 $1/2$ h., 4 $1/2$ h. soir. Trajet 1 $1/2$ h., prix 0,50 c.

St-Martin Vésubie, par Tourette, Levens, Duranus, Roquebillière et Lantosque. — Station, café Casiglia, quai St-Jean-Baptiste. — Départs : 8 $1/2$ h. soir. Trajet 9 h., prix fr. 4.—, coupé fr. 5.—

Escarène, par Drap. — Station, café du Commerce, place St-François. — Départs : 6 h. matin et 3 $1/2$ h. soir. Trajet 3 h., prix fr. 1.—

Bateaux à vapeur

Compagnie Castaldi. — Lundi pour Marseille, direct. — Jeudi pour Menton et Marseille. — Samedi pour St-Tropez et Marseille.

Compagnie Fraissinet, bureaux, 16, quai Lunel. — Ligne de Nice à Bastia et Livourne et retour. Départ de Nice pour Bastia les mercredis, 5 h. du soir. Arrivées à Bastia le jeudi à 5 h. du matin et à Livourne à 4 h. du soir.

Ligne de Nice à Ajaccio. Service d'hiver. Départ : les samedis à 6 h. du soir. Arrivée à Ajaccio le dimanche à 7 h. du matin.

Ligne de Nice à Calvi ou l'Ile Rousse. Départ : les samedis à 6 h. du soir. Arrivée à Calvi le dimanche à 3 h. du matin.

Ligne de Nice à Toulon et Marseille et retour. Départ de Nice les samedis à 8 h. du soir. Arrivée à Toulon le dimanche à 6 h. du matin et à Marseille à 2 h. du soir.

Ligne libre de Nice à Gênes et Marseille. Départ de Nice pour Gênes les vendredis à 7 h. du soir. Arrivée à Gênes le samedi à 5 du matin. Départ pour Marseille le mercredi à 7 h. du soir. Arrivée à Marseille le vendredi à 8 h. du matin.

Compagnie Adria. — Tous les dimanches matin, arrivée à Nice d'un bateau venant de Fiume et des ports italiens.

Bateaux de promenade, bureaux place Cassini. — Les deux yachts à vapeur, *Commerce* et *Vent-Debout* font des excursions facultatives à Monaco, Menton, San-Remo, Antibes, Cannes et les îles Lérins. Prix à débattre.

Distances kilométriques

ARRONDISSEMENT de NICE

De Nice à :	kilom.	De Nice à :	kilom.
Breil	64	Menton	30
Saorge	70	Ste-Agnès	40
Chateauneuf de Contes	22	Falicon	10
Contes	17	St-André	5
Drap	10	La Trinité	7
Escarène	21	Sospel	42

De Nice à :	kilom.	De Nice à :	kilom.
Levens	22	Castillon	50
Castagniers	17	St-Martin Vésubie	59
Colomars	15	Roquebillière	50
Duranus	30	Utelle	40
St-Martin-du-Var	25	Lantosque	45
Tourette-Levens	12	Beaulieu	8
Cabbé Roquebrune	26	Eze	12
Castellar	32	La Turbie	17
Gorbio	38	Villefranche	7

ARRONDISSEMENT de GRASSE

De Nice à :	kilom.	De Nice à :	kilom.
Antibes	23	Cannes	33
Vallauris	29	Grasse	38
Chateauneuf	32	Le Broc	39
Tourrettes-sur-Vence	31	Carros	36
Cagnes	12	Gattières	23
La Colle	19	La Gaude	20
St-Laurent-du-Var	9	St-Jeannet	23
Villeneuve-Loubet	21	Vence	22

ARRONDISSEMENT de PUGET-THÉNIERS

De Nice à :	kilom.	De Nice à :	kilom.
Breuil	79	Sigale	60
Château d'Entraunes	105	St-Etienne de Tinée	78
Entraunes	115	Roure	65
Guillaumes	90	St-Sauveur	67
St-Martin d'Entraunes	104	Bairols	49
Puget-Théniers	59	Malaussène	39
Rigaud	65	Pierlas	75
Bonzon	35	Touët-de-Beuil	55
Gilette	38	Villars	49
Roquesteron	58		

CHEMINS DE FER DU SUD DE LA FRANCE

Administration Centrale : 66, rue de la Chaussée d'Antin, à Paris

Service de l'Exploitation :

à Nice (gare du Sud) ; à St-Raphaël (Var) ; à Dijon (gare centrale)

Les chemins de fer du Sud comprennent deux réseaux, savoir :

1° *Réseau du Sud :* Lignes d'intérêt général de Meyrargues à Nice par Colomars (211 kilom.), de Nice à Puget-Théniers par Colomars (59 kilom.) et de Digne à St-André (44 kilom.), traversant les départements des Bouches-du-Rhône, du Var, des Alpes-Maritimes et des Basses-Alpes.

Une ligne d'intérêt local de St-Raphaël à Hyères (83 kilom.) et un tramway à vapeur de Cogolin à St-Tropez (10 kilom.).

2° *Réseau de tramways à vapeur du département de la Côte d'Or :* Lignes de Beaune à Semur (99 kilom.), de Dijon à Poully-sur-Vingeanne (51 kilom.) et de Châtillon-sur-Seine à Aignay-le-Duc (35 kilom.), avec embranchement d'Aisey-sur-Seine à Baigneux-les-Juifs (24 kilom.).

Les trains de la Compagnie du Sud de la France sont en correspondance avec ceux de la Compagnie Paris-Lyon-Méditerranée :

1° *Sur le réseau du Sud :* aux gares de Meyrargues, Draguignan, Digne, Hyères et St-Raphaël.

2° *Sur le réseau de la Côte-d'Or :* aux gares de Beaune, Arnay-le-Duc (distance 500 m. de la gare P.-L.-M.), Saulieu, Semur (2 kilom. de la gare P.-L.-M.) et Châtillon-sur-Seine.

Et avec les trains de la Compagnie de l'Est aux gares de Mirebeau et de Châtillon-sur-Seine.

Il est délivré au départ des gares principales du réseau du Sud des billets directs simples et d'aller et retour pour les gares P.-L.-M. de Marseille, Aix, Toulon, Nice, Cannes, etc. (*et vice versa*).

Il existe des buffets dans les gares de Meyrargues, Darguignan, Grasse, Colomars, la Tinée, Puget-Théniers et St-André.

Des services libres de voiture entre Puget-Théniers et St-André et *vice versa*, permettent aux voyageurs prenant le premier train du matin à Nice ou à Digne, d'arriver le soir pour dîner à Digne ou à Nice.

Pour les prix et conditions, s'adresser aux gares de Puget-Théniers et St-André.

Renseignements complémentaires.

La Compagnie des chemins de fer du Sud de la France a des tarifs spéciaux à prix réduits pour le transport des voyageurs, comprenant : 1° Des billets d'aller et retour, valables 2 jours pour un parcours de 50 kilom. et 3 jours pour les parcours au-dessus de 50 kilom. ; 2° Des cartes d'abonnements à prix très réduits d'un mois, de trois mois, de six mois et d'un an ; 3° Des billets d'excursions, aller et retour, pour des voyages déterminés d'avance et annoncés par voie d'affiches ; 4° Des transports à prix réduits, des sociétés régulièrement constituées ainsi que de divers groupes de voyageurs désignés dans ce tarif ; 5° Des trains spéciaux ; 6° Des trains supplémentaires d'excursions ; 6° Des billets circulaires.

Pour les renseignements supplémentaires, s'adresser au service de l'Exploitation, gare du Sud, à Nice et dans les principales gares du réseau.

Chemins de fer Paris-Lyon-Méditerranée

FÊTES de NICE

Billets d'aller et retour de 1re classe à prix réduits, pour
CANNES - NICE - MENTON

A l'occasion :
1º des **Fêtes de Noël** et du **Jour de l'an** ;
2º des **Courses de Nice** ;
3º du **Carnaval de Nice** ;
4º des **Régates Internationales de Cannes** ; des **Régates Internationales de Nice** et des **vacances de Pâques**, des billets d'aller et retour en 1re classe, à prix réduits, sont délivrés chaque année pour **Cannes, Nice** et **Menton**, au départ de : Paris, Belfort, Vesoul, Besançon, Gray, Nevers, Is-sur-Tille, Dijon, Genève, Clermont-Ferrand, St-Étienne, Lyon, Grenoble, Cette, Nîmes.

Les dates d'émission de ces billets sont annoncées au public quelques jours à l'avance, par voie d'affiches et de prospectus.

La **validité** des dits billets est de **20 jours** y compris le jour de l'émission, avec faculté de prolongation de deux périodes de 10 jours, moyennant le paiement pour chaque période, d'un supplément de 10 o/o.

NOTA. — Les voyageurs peuvent s'arrêter, tant à l'aller qu'au retour, à deux gares de leur choix, à condition de faire viser leur billet dès l'arrivée aux gares d'arrêt.

BAINS DE MER DE LA MÉDITERRANÉE
Billets d'aller et retour valables 33 jours
Billets individuels et billets collectifs (de famille)

Il est délivré du 1er juin au 15 septembre de chaque année, des billets d'aller et retour de Bains de Mer de 1re, 2me, et 3me classe, à prix réduits, pour les stations balnéaires suivantes :

Aigues-Mortes, Antibes, Bandol, Beaulieu, Cannes, Golfe-Juan-Vallauris, Hyères, La Ciotat, La Seyne-Tamaris-sur-Mer, Menton, Monaco, Monte-Carlo, Montpellier, Nice, Ollioules-Sanary, Saint-Raphaël, Toulon et Villefranche-sur-Mer.

Ces billets sont émis dans toutes les gares du réseau P.-L.-M., et doivent comporter un parcours minimum de 300 kilomètres aller et retour.

STATIONS HIVERNALES
NICE, CANNES, MENTON, etc.
Billets d'aller et retour collectifs, valables 30 jours

Il est délivré du 15 octobre au 30 avril dans toutes les gares du réseau P.-L.-M., sous condition d'effectuer un parcours minimum de 300 kilom. aller et retour, aux familles d'au moins quatre personnes payant place entière et voyageant ensemble, des billets d'aller et retour collectifs de 1re, 2me et 3me classe, pour les stations hivernales suivantes : Hyères et toutes les gares situées entre Saint-Raphaël, Grasse, Nice et Menton *inclusivement*.

Le prix s'obtient en ajoutant au prix de six billets simples ordinaires, le prix d'un de ces billets pour chaque membre de la famille en plus de trois, c'est-à-dire que *les trois premières personnes paient le plein tarif et que la quatrième personne et les suivantes paient le demi-tarif seulement*

Médaille d'or, Exposition Nationale Suisse 1896

CHAUFFAGE CENTRAL

par la **Vapeur** à très basse pression et par l'**Eau chaude** sans pression, pour bâtiments de toutes dimensions, systèmes spécialement appropriés aux **Hôtels**, simplifiant considérablement le service.

Installations complètes
de CUISINES d'HOTELS
avec service d'eau chaude à tous les étages, pour les bains

Wahl & Ferrière

Ancienne maison POUILLE Fils aîné

Magasins, rue des Pâquis, 23

GENÈVE

Bureaux et Ateliers : 9, rue de l'Ecole

Garanties de solidité et parfait fonctionnement des installations

NOMBREUSES RÉFÉRENCES

STATION DE MONTAGNE

Monnetier-Mornex (750 m.)

Sur le MONT SALÈVE (Haute-Savoie)

A une heure de Genève

HOTEL BELLEVUE

En face du Mont-Blanc et des Alpes

OUVERT TOUTE L'ANNÉE

L'Hôtel Bellevue, parfaitement aménagé, dans une situation incomparable, constitue à la fois un séjour agréable pour les étrangers et une station climatérique de premier ordre. Il est desservi par une station du réseau des Tramways électriques du Salève, qui le font communiquer avec Genève et la ligne P.-L.-M.

Librairie Internationale L. Gross

2, Rue Maccarani, 2

NICE

DICTIONNAIRES
en toutes les langues

Grammaires en toutes les langues

Guides Bædeker et Guides Joanne
pour tous les pays

PHOTOGRAPHIES ET VUES COLORIÉES
de Nice et d'autres endroits

Papier à lettre, Enveloppes, Crayons, Encres

JOURNAUX
français, anglais, allemands, italiens, russes

Livres en toutes les langues

Romane.

Jugendschriften u. Bilderbüchern.

Klassiker und Gedichtsammlungen.

Bædeker's, Meyer's, Grieben's Reisebücher für alle Länder.

Wissenschaftliche Werke.

Reichhaltige Leihbibliothek
in deutscher, französischer, englischer, russischer und italienischer Sprache.
Abonnement monatlich Fr. 3.—

Briefpapier. Tinte. Schreibmaterialien.

250 verschiedene Postkarten
mit Ansichten von Nizza und Umgebung.

Grösste Auswahl in
kolorierten und nicht farbigen Photographien,
Albums von Nizza.

Ankauf antiquarischer Werke.

Abonnements auf Zeitschriften
z. B. Gartenlaube, Ueber Land und Meer, Fliegende Blätter u. s. w.

Zeitungen im Einzelverkauf:
Berliner Tageblatt, Frankfurter Zeitung, Münchner Neueste Nachrichten,
Echo, Wiener Freie Presse, Jugend, Fliegende Blätter, u. s. w.

L. GROSS.
Deutsche u. Internationale Buchhandlung
Nizza, 2, Rue Maccarani.

AGENCE IMMOBILIÈRE
Internationale
PARIS - GENÈVE - NICE

Bureau à Nice pour la saison :
AGENCE COSMOPOLITE
17, Rue de l'Hôtel-des-Postes

CONSTRUCTION D'IMMEUBLES LOCATIFS
Hôtels, Villas, etc.

Constitution de Sociétés Immobilières
ET CONSORTIUMS

Hypothèques et ouverture de Crédits pendant les travaux

RÉGIE D'IMMEUBLES

Entreprise de Bâtiments à forfait

EXPERTISES IMMOBILIÈRES

Sallanches

(HAUTE-SAVOIE)

Station Alpestre de Zone Moyenne

(560 mètres d'altitude)

Située dans la partie la plus large de la vallée de

CHAMONIX

et jouissant du plus beau panorama du massif du

MONT-BLANC

Gare P.-L.-M. de la ligne **Genève-Annemasse-Le Fayet**. — Centre renommé d'excursions dans le superbe massif des **Aiguilles de Warens**, la **Chaîne des Fours**, le **Mont-Fleuri**, les **Aravis**, les vallées avoisinantes de **Mont-Joie**, de **Sixt**, d'**Entremont** et du **Grand-Bornand**.

Communication directe avec **Chamonix** et **Annecy** par des services réguliers de voitures et **Saint-Gervais-les-Bains** par la gare du **Fayet**.

Cure climatérique recommandée par la tonicité de son atmosphère et son altitude moyenne.

Facilités de séjour, réalisées grâce à de bons hôtels et aux villas en location.

Flore réputée et curieux phénomènes géologiques, tels que les blocs erratiques de la Ville de pierre, la cascade d'Arpenaz, le désert de Platé, etc. Nombreuses excursions et promenades variées.

Demander, pour plus amples détails, le *Guide officiel de Sallanches*, joli volume illustré, publié sous les auspices de la Municipalité, par Jules Monod.

MONTREUX (Suisse)

HOTEL & PENSION

BELLEVUE

et

VILLA BELLA

A proximité de la gare. --- Bien recommandé. --- Prix modérés. --- Téléphone. --- Eclairage électrique. --- Bains.

Propriétaire : A. FAVRE

Nouvelles Galeries
NIÇOISES

IMBERTO, TERRIER & Cie

Nice - 4, rue Garnier, 4 - Nice

Différents rayons des Nouvelles Galeries

Stores, Lessiveuses automatiques, Voitures d'enfants, Jouets, Couronnes mortuaires, Brosserie, Miroiterie, Parfumerie, Papeterie, Articles de Chine et du Japon, Cannes et Parapluies, Maroquinerie, Boisselerie, Vannerie, Articles de voyage, Jeux divers, Porcelaine, Cristaux, Faïences, Verreries, Articles de ménage, Batteries de cuisine cuivre et nickel, Orfèvrerie, Coutellerie, Lampes et Suspensions, Quincaillerie, Abat-jour, Appareils de chauffage et de Bains, Articles de caves et de jardins, etc., etc.

Agence Cosmopolite

Location de Villas et Appartements

J. BERRUT

Ex-Greffier, Directeur

NICE - 17, rue de l'Hôtel-des-Postes, 17 - TÉLÉPHONE

VENTE D'IMMEUBLES

Inventaires - Expertise - Gérance

PRÊTS HYPOTHÉCAIRES

Tout acheteur a intérêt
de s'adresser au producteur directement
Cet axiome est d'autant plus juste
pour l'achat d'une véritable
Montre de Genève
que l'on aura de provenance
garantie et à des prix raisonnables dans le
COMPTOIR DE VENTE
de la
Manufacture d'Horlogerie
de MM.
C. L. Weidemann & Seidel
Place du Lac, 1, au 1ᵉʳ étage
GENÈVE
qui offre un grand choix de
MONTRES
— simples et compliquées —
et a obtenu en 1897 :
3 Médailles — 4 Diplômes — 1 Mention
au Concours de Chronomètres de l'Observatoire de Genève

LOCATION DE VOITURES

F^{ois} FORESTIER, Directeur

Saison d'Hiver ✣ __NICE__ ✣ Saison d'Hiver

Service d'Omnibus pour les Hôtels à tous les trains. — Omnibus de Famille et Berlines à 4, 6, 8 places et au-dessus, avec galerie pour les bagages. — Enlèvement et transport immédiats des bagages à domicile.
 Direction et Dépôts : **Remises Forestier, rue Marceau.** — Renseignements et Commandes : **Maison de l'Hôtel Terminus** (en face de la Gare), **NICE**. — **Téléphone.**
 Adresse télégraphique : FORESTIER, MARCEAU, NICE

❊ A. GARINO ❊

Professeur

ARTISTE-PEINTRE-PORTRAITISTE

◆

ATELIERS :

NICE - 3, Boul. Dubouchage, 3 - NICE

AJACCIO (Corse)

Cyrnos Palace Hôtel

Etablissement entièrement neuf. — Vue sur la superbe rade d'Ajaccio. — Merveilleux jardin avec la flore tropicale. — Service par petites tables. — Bains aux étages. — Terrasses ouvertes. — Salle de Billard et Fumoir. — Dépendance : **Villa Maisonnette.**   **E. EXNER**, propriétaire.

MÊME MAISON :

Hôtel Royal et de Saussure, à Chamonix

32ᵉ ANNÉE — Grand Diplôme d'honneur, Bruxelles 1897 — 32ᵉ ANNÉE

LE RAILWAY
HORAIRE SYNOPTIQUE
DES CHEMINS DE FER
P.-L.-M., Midi, Italiens, Saint-Gothard
SERVICES INTERNATIONAUX
Rhône. — Bouches-du-Rhône. — Sud Français. — Corse

Direction et Administration :
NICE — F. APPY, 62, Rue Gioffredo, 62 — NICE

En vente chez tous les Libraires et aux Bibliothèques des Gares

L'Echo de la Méditerranée
Le plus mondain
le plus artistique et le plus répandu
des
Organes du Littoral
Paraissant le Dimanche, à NICE

15 centimes le numéro

INDICATEUR DE NICE
DES
Alpes-Maritimes et de la Principauté de Monaco
*Donnant la liste par rues,
ordre alphabétique et professionnel des habitants du Département*
Administratif et Commercial
PUBLICITÉ DE PREMIER ORDRE
Prix du volume relié : **6 francs**
Administration : 8, Descente Crotti — NICE

Nice-Théâtres

JOURNAL THÉATRAL ILLUSTRÉ

Paraissant tous les jours

Donnant le portrait des artistes,
le compte rendu et l'analyse de la pièce.

10 centimes le numéro

Champagne Ruinart

AUX TOURISTES

Guides pittoresques et illustrés

Par Jules Monod

GUIDE OFFICIEL DE CHAMONIX	Fr. **1.50**
GUIDE OFFICIEL DE St-GERVAIS-LES-BAINS ..	» **1.—**
GUIDE DU TOUR DU LAC LÉMAN PITTORESQUE.	» **1.—**
GUIDE OFFICIEL DE SALLANCHES	» **1.—**

Description, Histoire, Flore, Légendes, Monographies complètes,
Nombreuses illustrations. Carte.

Dépôt : Imprimerie Suisse, Genève.

RIGHI D'HIVER – MONTE-CARLO à la TURBIE

Chemin de fer d'intérêt local à Crémaillère

HORAIRE D'HIVER à partir du 3 novembre 1898.

DE MONTE-CARLO A LA TURBIE (montée)

Monte-Carlo....dép.	8 00	9 00	9 40	10 20	11 00	11 40	12 40	1 10	1 40	2 20	3 00	3 40	4 20	5 00	5 40
La Turbie (Terminus)	8 21	9 21	10 01	10 41	11 21	12 01	12 41	1 31	2 01	2 41	3 21	4 01	4 41	5 21	6 01

DE LA TURBIE A MONTE-CARLO (descente)

La Turbie......dép.	8 30	9 30	10 10	10 50	11 42	12 10	12 50	1 50	2 30	3 10	4 10	4 50	5 30	6 11
Monte-Carlo (Nord)	8 50	9 53	10 33	11 13	11 53	12 33	1 13	2 13	2 53	3 33	4 33	5 13	5 53	6 33

La gare du chemin de fer à Crémaillère à Monte-Carlo est située sur le Boulevard du Nord à côté du Crédit Lyonnais et en face du Casino.

RIVIERA-PALACE A MONTE-CARLO-SUPÉRIEUR Magnifique hôtel dans une situation unique sur le Littoral. Dès l'ouverture de cet établissement, fin Janvier 1899, il y aura des départs toutes les 20 minutes de Monte-Carlo pour Monte-Carlo-Supérieur et vice-versa. Une affiche spéciale fera connaître les détails de ce service.

Prix des Places :

	1re classe	2me cl.
De Monte-Carlo à Monte-Carlo-Sup. (Riviera Palace) fr.	0.40	0.30
» » Bordina	0.80	0.60
» » La Turbie	3.10	2.30
De Monte-Carlo-Supérieur à Monte-Carlo	0.20	0.15
» » Bordina	0.40	0.30
» » La Turbie	3.10	2.30
De la Turbie à Bordina	1.05	0.75
» » Monte-Carlo-Supér. (Riviera Palace)	1.55	1.15
» » Monte-Carlo	1.55	1.15

Abonnements. — La Compagnie met à la disposition des voyageurs appelés à se servir fréquemment du chemin de fer à crémaillère des abonnements à la course et au mois à prix très réduits.

Sociétés. — Prix très réduits pour les groupes à partir de 15 personnes. Pour tous renseignements s'adresser aux Chefs de Gare.

Bicyclettes transportées gratuitement. — Routes excellentes, promenades magnifiques de la Turbie à Nice par la Grande Corniche, à Nice par Laghet et la Trinité, à Menton par Roquebrune.

A la Turbie. — Visiter la Tour d'Auguste, le vieux village, le col de Guerre (vue des Alpes). A vingt minutes *Laghet*, célèbre monastère des Carmes.

PENSION D'ÉTRANGERS   Mesdames MORHARDT,
18, avenue du Mail, Genève.

Installation très confortable. — Jolies Chambres. — Vaste Jardin d'agrément. — Cuisine soignée. — Prix modérés. — Bains. — Douches. — *On reçoit des pensionnaires p^r la table.*

www.ingramcontent.com/pod-product-compliance
Lightning Source LLC
Chambersburg PA
CBHW050635170426
43200CB00008B/1022